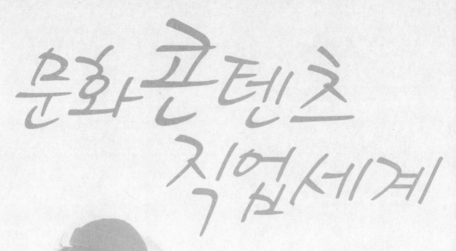

문화콘텐츠 직업세계

정창권 편저

북코리아

문화콘텐츠 직업세계

2008년 10월 25일 초판인쇄
2008년 10월 30일 초판발행

편저자 • 정창권
펴낸이 • 이찬규
펴낸곳 • 북코리아
등록번호 • 제03-01157호
주소 • 121-802 서울시 마포구 공덕동 115-13번지 201호
전화 • (02)704-7840
팩스 • (02)704-7848
이메일 • sunhaksa@korea.com
홈페이지 • www.sunhaksa.com

값 15,000원
ISBN 978-89-92521-94-9 (93300)

문화콘텐츠 산업의 시대

21세기는 문화콘텐츠 산업의 시대이다. 이제 물질적 상품의 개발은 한계를 드러내고, 무형(無形)의 아이디어와 지식을 기반으로 하는 문화콘텐츠 산업이 더욱 중요해지고 있다. 문화콘텐츠 산업은 공장을 짓지 않고도 이윤을 추구할 수 있으며, 나아가 원소스 멀티유즈(One Source Multi−Use)적 속성 때문에 하나의 제대로 된 소스만 있으면 다양한 분야에 활용해서 막대한 부가가치를 올릴 수 있다.

그래서인지 선진국은 문화콘텐츠 산업이 미래사회를 이끌어갈 성장동력임을 인식하고, 그에 대한 지원과 투자를 아끼지 않고 있다. 예컨대 미국은 문화콘텐츠 산업을 군수산업과 더불어 국가의 2대 주력산업으로 육성하는 정책을 추진하고, 영국은 문화콘텐츠 산업을 별도로 창조산업으로 규정하고 있다. 일본도 문화콘텐츠 산업의 비약적 확대를 추진한 결과 게임과 애니메이션, 캐릭터 산업에서 세계적인 경쟁력을 갖추고 있다. 물론 우리나라도 1999년 문화산업진흥기본법을 제정하여 적극적으로 지원, 육성한 결과 연평균 10% 이상의 높은 성장률을 보이고 있다.

원래 우리나라는 천연자원이나 인구, 자본이 상대적으로 부족한 국가

3

이다. 게다가 날이 갈수록 원자재 가격이 올라 제조업의 채산성이 떨어지고 있다. 즉, 제조업은 이미 성장의 한계에 도달했으며, 향후엔 각종 문화콘텐츠나 문화예술, 문화기술, 디자인 등 지식기반형 서비스 산업의 시대가 될 수밖에 없다는 것이다.

문화콘텐츠 산업은 앞으로 더욱 팽창할 것이다. 특히 인터넷이나 휴대폰 등 디지털 기기와 결합된 문화콘텐츠 산업은 아직도 초기시장에 지나지 않으며, 향후 전개될 시장규모는 그야말로 예측이 불가능할 정도이다.

그럼에도 한국 문화콘텐츠 산업은 여전히 초보단계, 곧 걸음마 수준에 불과하다. 선진국은 이미 문화콘텐츠 산업을 발전시키기 위한 인프라를 갖추고 있을 뿐만 아니라, 좋은 콘텐츠를 개발하기 위해 끊임없이 연구, 노력하고 있다. 하지만 우리나라는 21세기에 들어서야 본격적으로 관심을 갖게 된 분야라서 그런지, 심지어 문화콘텐츠라는 개념이나 범주조차 제대로 파악되어 있지 않을뿐더러 갖가지 장애들에 가로막혀 있는 상황이다.

특히 문화콘텐츠의 가장 큰 특징은 멀티유즈성, 곧 모든 매체가 서로 유기적으로 연결되어 있는 이른바 '통합성'에 있다. 한데 우리나라는 몇몇 인기 있는 분야들 위주로만 전개되고 있다. 예컨대 요즘 뜨고 있는 드라마나 영화, 게임, 뮤지컬 등에만 관심이 많고, 그렇지 않은 출판이나 만화, 전시, 축제, 에듀테인먼트 등에는 별반 관심을 갖고 있지 않다.

문화콘텐츠에는 출판과 만화, 방송, 영화, 애니메이션, 게임, 캐릭터, 공연, 음반, 전시, 축제, 여행, 디지털콘텐츠(데이터베이스, 에듀테인먼트, 인터넷콘텐츠), 모바일 등 최소한 16가지 이상의 분야가 있다. 또 디지털 기술이 발달함에 따라 앞으로도 계속 새로운 매체가 탄생할 것이

다. 그러므로 우리나라도 영국이나 미국, 일본 등 선진국처럼 모든 문화
콘텐츠를 골고루 균형 있게 발전시켜야 서로 융합하여 고부가가치를 올
릴 수 있을 것이다.

　이 책의 목적은 바로 여기에 있다. 즉, 모든 문화콘텐츠의 직업세계를
한자리에 모음으로써 통합적 인식체계를 마련하고자 하는 것이다. 그와
함께 요즘 많은 학생들이 문화콘텐츠에 대해 관심을 갖고 있지만, 그것
을 배워 장차 무엇을 할 수 있을 것인지 무척 궁금해 하고 있다. 이 책은
그러한 궁금증을 조금이나마 해소해줄 수 있기를 기대하면서 편찬한 것
이다.

이 책에선 출판, 만화, 방송, 영화, 애니메이션, 게임, 캐릭터, 공연, 음반, 전시, 행사, 여행, 디지털콘텐츠, 모바일 등 모든 문화콘텐츠의 직업세계를 다루고 있다. 그리고 21세기 디지털 시대에 새롭게 출현한 통합적인 문화콘텐츠 직업세계까지 최대한 예측해서 다루고 있다.

이 책의 구성을 좀더 자세히 살펴보면, 먼저 각 분야별로 문화콘텐츠 산업의 현황과 제작과정을 간략히 제시한 뒤, 그 직업세계를 다음과 같은 형식에 따라 체계적으로 정리하고 있다.

1) 개념

2) 하는 일

3) 자격조건

4) 대우와 전망 및 유의사항

5) 진출과정

끝으로 각장의 맨 뒤에는 배움터와 참고자료를 제시하여 이 분야로 진출하고자 하는 이들에게 길잡이 역할을 하도록 하였다.

이 책을 편찬함에 있어서 가장 어려웠던 점은 참고자료의 부족이었다. 방송이나 영화, 게임 등 인기 분야에 대한 자료는 상당히 많은 반면, 전시나 행사, 여행 등 비인기 분야에 대한 자료는 생각보다 별로 없었다.

특히 전체적으로 관련 서적들이 턱없이 부족했는데, 그래서 신문이나 잡지, 웹 사이트, 인터뷰 등의 자료를 많이 활용할 수밖에 없었다. 이 일은 의외로 많은 시간과 수고를 필요로 했는데, 다행히 나의 강의를 들었던 제자 황인영 양이 1차적인 자료 수집과 정리를 도와주어 무사히 마칠 수 있었다. 이 자리를 빌어 황인영 양에게 다시 한번 깊이 감사드린다.

마지막으로 여러 가지 자료를 다루다보니 뜻하지 않게 본문에선 언급했으나 맨 뒤의 참고자료에선 제대로 밝히지 못한 경우가 있을 수도 있다. 이 점 항상 유의할 것을 약속드리며, 발견되는 대로 즉시 참고자료에 추가하도록 하겠다.

2008년 10월 15일
태정(泰井) 정창권

‖ 차 례 ‖

1

출
판

과거엔 책과 견줄만한 정보의 획득 수단이 별로 없었다.

하지만 21세기 디지털 시대가 되면서 다양한 매체의 출현과 오락 수단의 등장, 레포츠의 발달 등으로 인해, 책에 대한 관심이 급격히 줄어들었다.

요즘 출판 산업은 날이 갈수록 추락을 거듭하고 있다. 물론 대형 출판사는 여전히 많은 수익을 올리고 소형 출판사는 극심한 재정난에 허덕이는 '빈익빈 부익부' 현상을 보이고 있지만, 그럼에도 전체적으로 보면 현재 출판계는 불황의 연속임에는 틀림없는 듯하다.

책은 상상력의 보고(寶庫)다. 특히 책은 문자를 읽으며 머릿속으로 영상을 떠올려야 하므로, 우리들에게 상상하는 능력을 길러준다. 그래서인지 지구촌은 다시 책을 주목하고 있다. 미국을 비롯한 선진국들은 21세기 디지털 시대에 들어서, 오히려 더 적극적으로 독서력 증진운동을 펼치고 있다. 또한 책이 영화나 방송, 공연 등 다른 문화콘텐츠의 원동력으로 인식되면서, 출판 산업의 육성을 위한 다양한 정책을 펼치고 있다.

우리 사회와 정부도 이 점에 유의해야할 것이다.

출판 제작과정

단계	기획	편집	제작	영업
담당자	기획자	편집자 디자이너	출력소 인쇄소 제본소	영업원
주요 내용	아이템 착안 저자 선정 원고 입수	편집(교정,교열) 표지 디자인 레이아웃 판형 결정		시장조사 홍보 및 판매 반품과 재고 관리

출판 기획자

출판 기획자는 각종 출판물에 관한 기획 전문가이자 마케팅 전문가이다.

이들은 시장 상황과 독자 요구를 분석하여 출판물의 주제와 내용을 기획하고, 출간을 전후해선 홍보와 마케팅 등의 업무를 담당한다.

이 일을 하기 위해서는 우선 책을 좋아하고, 글을 읽고 쓰는 데에도 흥미가 있어야 한다. 또한 출판을 위한 원고 수집과 선별, 인쇄 과정, 표지 및 제목 선정 등에 대한 전반적인 이해가 필요하다. 하지만 무엇보다 중요한 것은 출판 기획력인데, 그러기 위해서는 독자의 요구와 트랜드의 변화를 재빨리 읽어내는 순발력이 있어야 한다. 나아가 광고와 영업 전략도 세워야 하기 때문에, 출판을 비롯한 문화콘텐츠 산업에 대한 전반적인 이해도 필수적으로 갖추고 있어야 한다. 현재 출판 기획자의 대부분은 대졸 출신으로, 출판계에 어느 정도 경험이 있는 사람들이다.

이들의 처우는 신입사원의 경우는 연봉 1200만원~1300만원 정도로 알려져 있다. 그리고 3년차부터는 2000만원 이상의 연봉을 받게 되는데, 10년차의 경우에도 연봉 3천을 넘기가 힘든 것으로 알려져 있어 출판계의 어려움을 짐작하게 한다. 그래서 많은 출판인들이 어느 정도 출판사에서 경력을 쌓은 후 창업을 하여 새로운 출판사를 운영하고자 하는데, 이것 또한 창업과 운영 자금 등 많은 제약으로 인해 어려움을 겪고 있다.

출판 기획자가 되기 위해선 우선 출판사의 편집이나 마케팅 부서로 들어가, 5년 정도의 숙련 기간을 거친 다음에 차츰 출판 기획자로 진출하곤 한다.

출판 편집자는 책을 기획하는 것부터 필자 섭외, 원고 선별과 정리 및 편집 등까지 한 권의 책이 출판되는 전 과정을 책임지는 사람이다.

이들은 출판 편집을 맡은 초기, 즉 신입사원 시절에는 원고의 교정이나 교열 작업을 주로 담당하다가, 차츰 경력이 쌓이면 책의 전체적인 레이아웃까지 결정하면서 출판의 전 과정을 지시, 수정하는 업무를 담당한다.

이 일을 하기 위해선 출판에 대한 기본적인 지식뿐만 아니라 책의 표지나 레이아웃 등 디자인 관련 전문지식도 필요하며, 새 원고를 접할 때마다 새로운 사고와 감각, 그리고 새로운 형태에 스스로를 적응시킬 수 있는 능력 등이 필요하다. 또한 21세기 출판 산업은 디지털 시대에 따른 새로운 변화들을 많이 겪고 있다. 게다가 온라인 서점이 활성화하면서 유통체계까지도 변화하고 있다. 그러므로 이러한 상황에서 출판계를 이끌어 가기 위해서는 디지털 시대에 걸맞는 새로운 감각과 기술을 갖추는 것이 중요하다.

대개 출판 편집자로 성공하려면 다음과 같은 몇 가지 조건을 갖추어야 한다. 우선 세상의 다양한 모습에 대한 탐구 정신을 가지고 있어야 한다. 그리고 출판 편집자는 전체적인 출판과정을 이끌어가야 하므로, 팀을 원활하게 조율하고 이끌어가기 위한 리더십이 필요하다. 또한 좋은 책을 만들기 위해서는 마케팅 감각도 물론 필요하겠지만, 책을 판다는 생각에 앞서 독자들에게 좋은 지식과 감동을 전달하겠다는 책임감이 있어야 한다.

출판 편집자는 학력과 전공 제한이 별로 없다. 2년제 대학 이상을 졸업한 사람이면 누구나 충분히 가능하다. 그리고 출판과정에 대해 이해하기 위해선 아르바이트나 인턴사원 등을 통해 틈틈이 경험을 쌓는 것이 중요하다. 최근에는 예비출판인들을 교육시키는 전문적인 교육기관도 늘어나고 있기 때문에, 이를 잘 활용하면 많은 도움을 받을 수 있다. 그들 교육기관에서는 출판 편집자로서 갖추어야할 다양한 교육을 진행하는데, 출판 편집에 대한 이해를 비롯해서 여러 가지 편집 기술을 익히고, 또 교정이나 교열, 윤문 작업에 대한 기본적 지식도 쌓도록 하고 있다.

북(book) 디자이너

북(book) 디자이너는 출판될 책의 표지와 본문의 구성 및 그림 등을 편집하고 디자인하는 사람이다.

이들은 주로 출판될 책의 표지를 디자인하고 본문의 구성과 그림 등을 편집하는 업무를 담당하는데, 하루에도 수없이 쏟아져 나오는 도서들 속에서 독자들의 눈길과 손길을 잡아낼 수 있도록 해야 한다.

다른 디자이너와 달리 북 디자이너는 출판에 대한 기본적인 지식은 물론 책 내용에 대한 완벽한 이해가 반드시 필요한 직업이다. 따라서 4년제 이상의 대졸자로 시각디자인과 관련된 학과를 졸업하는 것이 유리하고, 그렇지 않으면 디자인 학원이나 컴퓨터그래픽 학원 등을 통해 북 디자인에 대한 전문적인 지식을 습득하는 과정이 필요하다. 또한 북 디자인과 관련된 회사에서 아르바이트나 인턴사원 등의 경험이 있으면 더욱 유리하다.

이 직업의 종사자들은 3년차 연봉을 기준으로 평균적으로 1,700~2,000만원 정도이고, 초임은 1,200~1,500만원 정도라고 한다. 그리고 프리랜서로 일하게 되면 표지디자인의 경우 한 건당 최소한 50만원에서 최대 150만원을 받기도 한다.

날이 갈수록 치열해지는 출판경쟁으로 인해 북 디자이너의 중요성도 함께 상승하고 있다. 북 디자이너는 희소가치가 높은 만큼 그 미래도 밝은 편이다.

출판 영업원

출판 영업원은 완성된 출판물을 영업망이나 배분 대행회사를 통해 배포하고 판매하는 일을 담당한다.

이들은 기존의 출판 영업망을 유지하고 새로운 출판 영업망을 개척하며, 완성된 출판물을 그와 같은 영업망을 통해 배포, 판매, 홍보하는 업무를 한다.

이 일을 하는데 있어서 특별한 자격 요건은 없다. 다만 출판시장의 구조를 잘 이해하고 있어야 하고, 영업 업무의 특성상 대인관계가 원만하거나 적극적인 성격을 가진 사람들에게 유리하다.

이 직업의 종사자들은 3년차 연봉을 기준으로 평균적으로 2,000~2,300만원 정도이고, 초임은 1,600~1,900만원 정도이다. 하지만 이들의 설 자리가 점점 더 줄고 있다. 날이 갈수록 오프라인 서점 수가 줄어드는 추세인 반면, 인터넷 서점은 급팽창해서 그들의 설 자리가 점점 사라지고 있기 때문이다.

전자출판 전문가

전자출판 전문가란 주로 맥킨토시를 이용한 DTP 편집을 하는 사람이다. 기존 수작업에 의존하던 각종 출판물의 편집을 컴퓨터로 하는 직종이다.

이들의 업무는 출판물의 디자인을 검토하는 것에서부터 출발한다. 검토 결과에 따라 작업의 순서와 방법을 결정할 수 있기 때문이다. 그런 다음 전체적인 구성에 맞추어 사진이나 그림, 로고 등을 복사하여 적절히 배치한다. 또한 이러한 작업을 마치면 색채와 위치를 고려하여 편집 작업을 한다.

이 일은 컴퓨터로 장시간 일해야 하기 때문에 상당한 집중력을 요구하고, 체력적으로도 뒷받침이 되어야 한다. 또한 단순한 편집 작업이 아니기 때문에 상당한 미적 감각이 필요하고 디자인 감각도 갖고 있어야 한다. 하지만 다른 무엇보다 컴퓨터 사용에 익숙해야 하고, 특히 3D와 일러스트 등 그래픽과 관련한 지식들을 갖추고 있으면 좋다.

전자출판 전문가는 특히 여성들의 인기직종으로 손꼽힌다. 자격증을 갖고 있기 때문에 여성들이 직장 내에서 불이익을 당할 여지가 적기 때문이다. 이 일은 출판 산업의 경기동향에 따라 변화는 있겠지만, 디자인과 편집 기술을 갖추고 있다면 비교적 고용불안에 시달릴 염려가 없고 프리랜서로서도 얼마든지 활동할 수 있다.

전자출판 전문가가 되기 위해서는 2년제 대학 이상의 출판 관련 학과를 졸업하면 취업하는데 유리하다. 특히 위에서 말했듯이 컴퓨터의 운영체계에 대한 기본적인 이해와 그래픽 프로그램을 다룰 수 있도록 해야 한다. 이 일은 관련된 교육기관이 있기 때문에 도움을 받을 수 있고, 또

그곳에서 취업을 알선해주기도 한다. 하지만 가장 중요한 것은 실력이기 때문에 관련 업체에 들어가 충분한 경험을 쌓는 것이 좋다.

출판 기획마케터

출판 기획마케터는 출판을 하나의 산업으로 바라보면서 거시적인 접근을 통해 전체적인 사업계획을 만들어가는 사람이다. 출판 기획에서 마케팅이 접목된 분야로, 현재 몇몇 상위권 업체에서 막 선을 보이고 있다.

이들은 평소 출판에 대한 수익성 분석 및 트렌드 분석을 한다. 그래서 책을 출판한 후 마케팅 전략을 짜는데 기초자료로 활용하며, 향후 출판 산업이 어떤 방향으로 나아갈지 예측하기도 한다.

이 일을 하기 위해선 사회의 트렌드를 읽어내는 능력과 이를 비즈니스로 연계시키는 감각이 있어야 한다. 또한 많은 이들과 함께 일하기 때문에 사교성과 포용력도 필수적이다. 특별한 전공의 제한은 없으나 인문학 지식과 마케팅 지식이 있는 사람이 유리하다.

국내 출판사의 평균 연봉은 상위권 업체의 몇몇 곳을 제외하고는 비교적 낮은 편이지만, 출판 기획마케터의 경우 현재 몇몇 상위권 업체에서만 선보이고 있기 때문에 연봉이 그리 나쁘지 않다. 게다가 향후 이 직업에 대한 수효는 점점 높아질 것으로 보인다.

출판 기획마케터가 되기 위해선 전문 교육과정을 이수하거나 관련 분야의 온라인 커뮤니티 활동을 하는 것이 유리하다. 그곳에서 많은 채용 정보를 얻을 수 있을 뿐만 아니라 다양한 인맥을 넓히는 데에도 도움이 되기 때문이다.

배움터

1장

17

1장

18

커리어넷(http://www.careernet.re.kr)

굿이미지지원센터(http://cafe.daum.net/gibank)

유니드림(http://www.unidream.co.kr)

한국경제신문(http://www.hankyung.com/news)

직업관련커뮤니티(http://www.winfo.co.kr/index_intro.htm)

한국직업능력개발원(http://www.careernet.re.kr)

한국산업인력공단(http://www.hrdkorea.or.kr)

한겨레교육문화센터(http://www.hanter21.co.kr)

한국출판인회의(http://www.kopus.org/main)

대한출판문화협회(http://www.kpa21.or.kr)

최봉수, 《출판기획의 테크닉》, 살림출판사, 1997

정창권, 《문화콘텐츠학 강의》(깊이 이해하기), 커뮤니케이션북스, 2007

정창권, 《문화콘텐츠학 강의》(쉽게 개발하기), 커뮤니케이션북스, 2007

2

만
화

만화는 현실과 다른 독특함, 예컨대 환상이나 유머, 과장 등을 지니고 있으며, 보는 이로 하여금 유쾌하고 즐거움을 주는 매력을 가지고 있다. 그래서 만화를 토대로 드라마나 영화, 게임, 캐릭터 등을 자주 만들고 있다.

한데, 출판과 마찬가지로 만화 산업도 성장은커녕 오히려 축소되는 경향을 보이고 있다. 단적인 예로 2006년 만화 산업의 규모는 3,219억원으로, 2005년에 비해 9.5%나 감소하였다. 그리고 이러한 현상은 앞으로도 지속될 것이다. 왜냐하면 과거에 비해 대중매체가 많이 늘어났고, 우리나라 만화시장이 그다지 크지 않기 때문이다.

그렇다고 해서 만화의 중요성을 폄하해서는 결코 안 된다. 만화는 출판과 함께 여타 문화콘텐츠의 모태가 되는 아주 중요한 원작산업이다. 또한 앞으로 문화콘텐츠 산업에서 가장 큰 변수는 원천소스(원작)에 있다. 그러므로 정부는 만화의 창작이나 제작, 유통 부문에 적극적으로 지원해야 할 것이다.

만화 제작과정

단계	기획	구성	개발	출판	영업
담당자	기획자	만화가 (스토리작가, 그림작가)	만화가 어시스턴트 평론가	편집자 평론가	마케터
주요 내용	콘셉트결정 출판(연재) 계약	캐릭터설정 및 스토리 구성	원고제작 (콘티짜기, 밑그림, 펜터치, 스크린톤 등)	편집(교정, 교열) 표지와본문 디자인 인쇄	홍보와 마케팅

만화 기획자

만화 기획자는 만화잡지 및 단행본 출판을 기획하거나, 그에 적합한 만화가를 결정하고 계약하는 등 만화에 관한 모든 업무를 총괄하는 역할을 담당한다.

이 일을 하기 위해서는 만화를 보는 안목, 곧 예술적 역량이 가장 중요하다. 자신이 기획한 만화가 시장에서 어느 정도의 가능성이 있을지에 대한 판단은 무엇보다 예술적 역량에 의해 결정되기 때문이다. 이들은 자신이 직접 만화를 창작할 필요는 없으나, 만화에 대한 안목을 통해 작품의 가능성을 평가할 수 있을 정도의 예술적 역량을 갖추고 있어야 한다. 또한 기획자는 출판 관계자나 독자, 작가, 만화잡지 기자들과 함께 일할 수 있는 의사소통 능력이 필요하고, 사업적인 수완을 통해 매출로 연결시킬 수 있는 비즈니스 역량도 필요하다. 그러나 만화의 각종 기술들을 활용할 수 있는 기술적 역량은 기획자의 업무 수행에서 상대적으로 중요도가 낮은 편에 속한다.

우리나라 만화산업이 발전하기 위해서는 다른 무엇보다 정부의 지원이 필요하다. 만화협회의 예산 확보에 도움을 준다거나, 기타 정책적인 지원이 많이 필요한 실정이다. 또한 아직까지도 부족한 대학교육의 현실화가 필요하다. 전문가를 더욱 많이 확보하고, 커리큘럼을 실제 만화작가나 관련 전문가를 육성할 수 있는 체계로 변화시킬 필요가 있다. 뿐만 아니라 앞으로는 온라인 만화가 만화산업의 주력이 될 가능성이 높다. 모든 문화가 온라인을 중심으로 변화하고 있는 만큼, 만화 산업도 이러한 트랜드에 적응시킬 필요가 있다.

정부에서는 만화와 애니메이션 산업을 21세기 고부가가치 산업으로 보고 있다. 그리고 만화에 대한 사회적 인식도 긍정적으로 변화해가면서, 심지어는 교육용 교재 개발에까지 만화를 이용하는 사례가 늘고 있다. 이에 따라 앞으로 만화와 관련된 사람들의 고용은 다소 증가할 것으로 전망된다.

만화 스토리작가

만화 스토리작가는 그림작가와 구분되어 독자들이 무엇을 원하는지를 파악하여 재미있고 감동적인 시나리오를 창작하는 사람이다.

이들은 다른 말로 하면 콘티 작가라고도 한다. 이들은 만화의 스토리를 만들어내고, 주인공을 설정하며, 각 페이지마다 칸을 지정하고 그 속에 지문과 대사를 써넣는 일을 한다.

만화 스토리작가도 소설가나 시나리오 작가와 마찬가지로 상상력과 창의력이 가장 중요하다. 물론 이들은 그림을 직접 그리는 것이 아니기 때문에, 글과 화면에 대한 감각만 있으면 충분하다.

이 일은 프리랜서라는 직업의 성격으로 인해 수입이 천차만별이다. 다만 인기를 끌고 있는 작가인가, 아직까지 그늘에 묻혀 있는 작가인가에 따라, 보수는 크게 차이가 있다.

요즘은 책도 글씨가 크고 삽화도 많이 읽어야 잘 팔리지, 조그만 글씨의 문고판은 점차 우리 주위에서 사라져가고 있다. 이러한 추세에 따라 주식이나 경제, 정치, 스포츠 등 모든 분야를 만화로 만들어서 읽는 경향이 두드러지고 있다. 스토리작가는 이러한 만화시대를 선도하는 첨병이라 할 수 있다.

만화 스토리작가가 되는 데는 특별한 자격 제한이 없다. 여성도 상관이 없고, 학력도 따지지 않는다. 장애인이라도 글을 잘 쓰고 상상력이 뛰어난 사람이라면 무리 없이 활약할 수 있다.

만화 스토리작가로 데뷔하기 위해선 무엇보다 먼저 만화에 대한 감각을 익히는 것이 중요하다. 이를 위한 정규코스로는 만화예술학과를 다니는 방법이 있다. 또한 전통적인 방법인 유명한 작가의 문하생이 되는 길이 있다.

만화 그림작가

그림작가는 스토리작가가 글로 표현한 콘티를 가지고 그림으로 그려서 만화를 만드는 사람이다.

이들의 주요 업무는 스토리작가의 콘티를 토대로 만화를 직접 그리는 것으로, 기본적인 밑그림을 그리는 데생 작업, 펜으로 덧그리는 터치 작업 등을 수행한다.

이들 그림작가에게 가장 많이 요구되는 역량은 예술적 역량이다. 자신의 생각이나 콘티에서 요구하는 사항들을 그림으로 표현해야 하기 때문에, 예술적 역량 없이는 직무를 수행할 수 없다. 또한 비즈니스 역량이나 의사소통 역량보다, 기술적 역량에 대한 중요성이 상대적으로 높다. 그림을 그리기 위한 드로잉 능력이나 만화를 위한 컴퓨터그래픽 능력 등 기술적인 업무가 많기 때문이다.

우리나라에선 스토리작가나 그림작가 모두 대우가 좋지 않지만, 일본에선 만화산업의 기반이나 인식부터 다르다보니 대우가 매우 좋은 편이다. 현재 우리나라의 만화 산업은 시장규모가 작고 산업 인프라가 갖춰지지 않아 만화가들이 생계조차 유지하기 힘든 실정이다.

이러한 구조적인 문제를 해결하기 위해서는 지금처럼 출판사가 작가들을 관리하고 감독할 것이 아니라, 만화가들이 직접 자신들의 에이전시를 두고 그들을 통해 하나의 콘텐츠를 다양한 분야에 적용 하여 부가가치를 높이는 원소스 멀티유즈(one source multi-use)시스템을 구축할 필요가 있다. 또한 만화 산업에 있어서 정부에게 가장 크게 요구되는 것은 창작물에 대한 지적재산권의 보호이다. 지적재산권 문제를 해결하지 않고서는 만화산업이 발전하는데 많은 어려움이 있기 때문이다. 이러한 문제점을 해결한다면 만화가들의 장래성은 무궁무진하다고 생각된다.

24

어시스턴트

어시스턴트는 일정한 보수를 받고 만화가를 보조하는 역할로, 자료수집에서 콘티작성 및 작가가 요구하는 구도에 맞게 원화를 그려주는 역할을 담당한다.

대개 만화가는 그림의 사실성을 높이기 위해 자료를 수집하는 작업부터 시작한다. 독자들이 사실적이고 세밀한 그림을 좋아하기 때문이다. 어시스턴트는 만화가 사실적으로 그려질 수 있도록 그림과 관계된 자료들을 최대한 많이 수집해준다. 그런 다음 만화가가 수집된 자료를 토대로 직접 그림으로 표현하는 일을 수행한다. 먼저 분위기를 사실적으로 연출해서 데생을 하고, 펜으로 세밀하게 터치를 하게 된다. 그리고 터치가 끝나면 톤을 지정하는 작업을 하는데, 이 작업은 보통 만화가가 직접 하기도 하지만, 대부분 어시스턴트들이 톤을 지정하고 문하생들이 톤 작업을 수행하곤 한다.

어시스턴트는 직접 만화를 창작해야 하는 스토리작가나 그림작가에 비해 상대적으로 중요도가 떨어지긴 한다. 하지만 어시스턴트도 그들을 도우면서 창작에 임해야 하기 때문에 상당한 예술적 역량이 요구된다. 또한 만화의 구도를 설정하고 분위기를 연출해야 하므로 작화 관련 테크닉도 필요하다.

문하생(門下生)

문하생은 만화를 배우려는 목적으로 이름난 만화가의 밑에서 보조 작업을 수행하는 사람이다.

일반적으로 데생은 만화가가 직접 하지도 하지만, 주로 만화가가 콘티를 정하고 문하생이 자세한 데생을 하곤 한다. 문하생은 이렇게 만화가의 보조 작업들을 수행하면서 자신의 작품을 위한 여러 가지 정보를 수집하거나 스토리를 구상한다. 그리하여 틈나는대로 평가를 받으면서 만화가로 데뷔하기 위한 준비를 하게 된다.

문하생의 역할을 수행하기 위해 가장 많이 요구되는 것은 예술적 역량이다. 이는 만화가의 작품 보조와 개인의 작품 준비를 위해서도 필수적인 역량이다. 다음으로 기술적 역량, 곧 그림을 직접 그리는 과정에서 요구되는 다양한 기술적 요소를 소화해낼 수 능력이 필요하다. 또한 만화가와의 의견교환을 위해선 의사소통 역량이 필요하고, 비즈니스 역량도 어느 정도 요구된다. 그러므로 문하생이 되기 전에 교내의 동아리 활동이나 동호회 활동을 하는 것도 도움이 된다.

문하생의 역할을 수행하면서 가장 중요시해야 할 것은 자기개발이다. 끊임없이 다른 작품을 접하고 직접 만화를 그려보면서, 갖가지 경험을 통해 자신의 실력을 쌓아나가야 한다.

문하생들은 보통 도제식 교육으로 인해 인물과 배경 등의 펜 작업을 하면서 장당 얼마씩의 고료(稿料)를 받는다. 어느 만화가의 밑에서 일하느냐에 따라 받는 금액이 다르지만, 수습 문하생은 장당 평균 5000원을 넘지 않는다고 한다. 하지만 작가로 데뷔한 후에는 그 처우가 완전히 달라진다.

문하생들이 유의해야할 사항으로는 출판사와의 협력이 중요하다는 것이다. 출판사는 만화를 내는 역할만 담당하는 것이 아니라, 만화에 대해 조언을 하거나 작가가 필요한 자료를 제공하는 역할도 하기 때문이다.

만화작가(1인작가)

만화작가(1인작가)란 글과 그림 부분을 따로 분리하지 않고 한 사람이 모두를 담당하는 것을 말한다. 근래 인터넷의 발달로 부각된 온라인 만화 또한 여기에 포함된다.

이 일을 하기 위해선 무엇보다 만화를 좋아해야 하고 그림에 소질이 있어야 하며, 이야기를 짜임새 있게 전개해나갈 수 있는 문장력이 있어야 한다. 또한 만화가는 이야깃거리가 풍부해야 하므로 작품의 완성도를 높이기 위한 여러 가지 관련 자료를 수집하는 노력도 필요하다. 나아가 정치풍자 만화가의 경우 보통 한두 칸에 풍자의 내용을 함축적으로 담아낼 수 있어야 하므로, 평소에 정치나 사회 문제에 대해 꾸준한 관심을 가지고 있어야 한다.

참고로 한국과 일본의 만화에 대한 인식 차이는 문화적 차이에서 비롯된 것이다. 한국의 경우 아직까지 유교문화에 바탕을 두고 있기 때문에, 일본과 같은 에로만화나 폭력만화 등에 대한 거리낌이 많은 편이다. 이로 인해 한국에선 만화 전체에 대해 부정적인 인식을 갖게 하였고, 결국은 만화 산업의 발전에 걸림돌로 작용하고 있다.

만화가가 되기 위해 요구되는 특별한 학력이나 자격 사항은 없으나, 애니메이션 고등학교와 대학의 만화관련 학과, 사설학원의 만화가 양성 과정 등을 통해 체계적으로 공부하는 사람들이 증가하고 있다. 이밖에 유명 만화가의 문하생으로 들어가 여러 가지 작업을 보조하며 관련 지식을 쌓아 만화가로 데뷔하는 경우도 있다. 보통 대학의 만화 관련 학과에 진학하면 드로잉, 색채학, 만화제작, 스토리작법 등 만화 제작과 관련된 전 과정을 이론과 실습을 통해 다양하게 배우게 된다. 하지만 관련 교육을 받았다고 해서 모두 만화가가 되는 것은 아니며, 수많은 습작을 통해 그림 그리는 실력과 스토리구성 능력을 갖추어 나가는 것이 중요하다.

웹툰 작가

웹툰 작가는 만화를 그려 각종 웹 사이트에 게재하는 사람으로, 다른 무엇보다 독특한 캐릭터와 스토리 창작능력이 중요하다.

웹툰으로 인기를 얻은 만화가들은 포털사이트와 계약을 맺은 뒤, 회당 얼마씩의 고료를 받으며 작품을 연재한다. 요즘은 인기 작가에 대한 고료가 높아져서, 유명 만화가는 신인이라고 해도 회당 10만원 이상씩의 금액을 받는다고 한다. 여기에다 일정한 조회 수를 넘으면 포털사이트에서 따로 책정한 보너스까지 지급을 받는다.

웹툰의 경우 여타 만화관련 직종에 비해 접근이 용이하다는 장점이 있고, 만화가가 인내와 끈기를 가지고 끝까지 일하면 오랫동안 대중에게 사랑받을 수 있다.

일반적으로 공모전이나 인맥을 통해 만화가가 되는 사람은 그리 많지 않다. 공모전에 당선된다고 해도 만화가가 되지 못하는 사람이 대단히 많기 때문이다. 만화가가 되는 과정은 출판만화이든 웹툰이든 자기 원고를 들고 회사로 찾아가야 한다. 그러나 출판사나 포털사이트에서 단번에 '오케이' 하고 승낙하는 경우는 거의 없다. 많은 사람들이 지원을 하지만 출판사측에서는 대충 넘겨보고 마는 경우가 많기 때문이다. 물론 출판사에서는 괜찮다 싶은 만화를 발견하면 최대한 빠른 시간 내에 우수한 작품을 만들 수 있도록 작가를 훈련시킨다. 이것이 전문 만화가가 되는 과정이다.

만화 편집자

만화 편집자는 독자에게 제공되는 만화 잡지와 단행본을 만들기 위해 작품을 편집하거나 보도기사를 작성하는 사람이며, 더 나아가 구성된 잡지와 단행본을 인쇄하고 발행하는 것까지 담당하고 있다.

만화 편집자에게 가장 많이 요구되는 것은 예술적 역량이다. 왜냐하면 편집자로서 만화의 기획이나 콘티 작업에도 참여하는 등 만화의 창작영역에까지 어느 정도 관여하고 있기 때문이다. 또한 비즈니스 역량과 의사소통 역량도 갖추고 있어야 하는데, 비즈니스 역량이란 시장의 요구를 반영하여 상품을 만들어내는 사업적인 능력을 의미하고, 의사소통 역량은 만화의 편집과 인쇄 및 발행 등에 관계된 이들과의 정확한 의사소통 능력을 말한다.

대개 편집자들의 최종 학력은 전문대졸 이상으로 비교적 높은 편이다. 여느 출판과 마찬가지로 만화 편집을 위해서도 전문적인 지식들이 많이 필요하기 때문이다.

만화학과 교수

현장 경험을 바탕으로 이론적인 부분을 보완하여, 만화를 공부하는 학생들에게 이론과 실기를 중심으로 교육을 담당하는 직무이다.

교수는 학생들을 상대로 지도하는 사람이기 때문에, 무엇보다 의사소통 능력이 중요하다. 아무리 많은 지식을 갖고 있어도 학생들에게 제대로 전달하지 못하면 능력이 없는 것으로 평가되기 때문이다. 그리고 비즈니스 역량도 상당히 요구되는데, 이는 학교의 발전과도 관련이 있다. 즉, 비즈니스 역량을 발휘하여 학생들의 경쟁력을 확보하면 학교가 전체적으로 발전할 수 있는 것이다.

이 직업군은 수요에 비해 공급이 부족한 실정이다. 대학별로 사정은 다를 수 있으나, 전반적으로 교수 1인당 학생 수가 아직도 너무 많은 편이다. 전문적인 교육을 위해서는 더욱 많은 교수 인력이 충원되어야 할 것이다.

만화학과 교수가 되기 위해서는 대학원 출신으로 이론적인 강의를 하는 것도 중요하지만, 현장경험이 무엇보다 중요하다. 만화학과에서 작가 출신의 교수가 많은 것도 이 때문이다. 대개 만화학과 교수는 학생들에게 현장감이 넘치는 교육을 할 수 있어야 한다. 그러므로 현재 작품활동을 하고 있거나, 이미 충분히 경험한 사람들이 교수 직무를 더욱 잘 수행할 수 있다.

만화잡지 기자

만화잡지 기자는 만화와 관련된 기사를 쓰고 만화가를 관리하는 업무를 한다.

이들이 일반적인 기자들과 다른 점은 바로 만화와 만화가에 대한 관리를 한다는 것이다.

이 일을 하기 위해서는 성격이 차분하면서도 때론 과감하게 밀어부치는 면이 있어야 한다. 또한 만화가와 잡지사 사이의 교량 역할을 해야 하므로 원만한 대인관계를 유지할 수 있는 인품도 갖추고 있어야 한다. 나아가 일본만화가 국내 만화잡지에 연재되기 시작한 이래 일본어의 중요성도 높아져서, 요즘 만화잡지 기자가 되려는 사람들은 일본어 능력도 갖추어야 한다.

만화잡지 기자의 연봉은 잡지마다 다른데, 통상적으로 신입은 연봉 1500만원 정도를 받는다고 한다. 하지만 이것은 그야말로 통상적인 것이지, 경우에 따라 차이가 많다는 것을 염두해두어야 한다.

2장

31

충남 중부대학교 만화애니메이션학과

충북 극동대학교 만화애니메이션학과

충북 청주대학교 만화애니메이션

전북 예원예술대학교 만화애니메이션전공

전남 대불대학교 만화애니메이션학과

전남 순천대학교 만화예술학과

서울 명지대학교 만화예술창작

성신여대평생교육원 만화예술창작과정

한겨레교육문화센터 출판만화창작학교

(주)서울문화사 서울영상만화학원

2장

커리어넷(http://www.careernet.re.kr)

한국문화콘텐츠진흥원(http://www.culturist.co.kr/front/job)

한국만화가협회(www.cartoon.or.kr)

한국경제신문(http://www.hankyung.com)

한국직업능력개발원(http://www.careernet.re.kr)

이태균, 김현선, 이정은,《될 수 있다! [영화/애니메이션/만화편]》, 청년사, 1999

김봉석,《공상이상 직업의 세계》, 한겨레출판, 2006

정창권,《문화콘텐츠학 강의》(깊이 이해하기), 커뮤니케이션북스, 2007

정창권,《문화콘텐츠학 강의》(쉽게 개발하기), 커뮤니케이션북스, 2007

3

방송

방송은 남녀노소와 빈부의 격차 없이 누구나 쉽게 접근할 수 있는 대중매체이다. 그러므로 좋은 콘텐츠만 있으면 그 어느 것보다 성공 가능성이 큰 분야이다.

방송은 크게 보도, 교양, 오락, 드라마 등의 프로그램으로 나눌 수 있다. 보도 프로그램은 대표적으로 뉴스를 들 수 있고, 교양 프로그램은 토론이나 시사, 교육, 다큐멘터리 등을, 예능 프로그램은 토크쇼나 버라이어티쇼, 코미디, 스포츠 등을, 드라마는 일일극, 주말극, 미니시리즈, 단막극 등을 들 수 있다. 근래 디지털 기술의 발달에 따라 케이블이나 인터넷, 위성과 지상파 방송 등 새로운 매체들이 계속 출현하면서, 방송 콘텐츠에 대한 수요가 나날이 늘고 있으며, 그 가치도 갈수록 커지고 있다. 그중에서도 특히 드라마는 방송의 꽃으로서 최고의 전성기를 누리고 있다.

이제 드라마는 우리 생활에서 결코 빼놓을 수 없는 오락수단이 되었는데, 새로운 유행을 만들거나 스타를 배출해내고, 때로는 사회적으로 큰 이슈를 던지기도 한다. 게다가 1990년대 이후 문화의 산업화 시대가 도래하면서, 드라마는 더 이상 감성적 범주에만 머물지 않고, 어느덧 경제논리와 결합하여 높은 부가가치를 창출하는 하나의 '문화상품'으로 자리잡았다.

단계	사전제작 (Pre-production)	제작(Production)	후반제작 (Post-production)
담당자	작가(구성, 드라마) 방송PD 연기자	촬영기사 녹음 및 음향 기사 조명기사	편집기사 송출기술자
주요 내용	기획 대본 마련 배우캐스팅 촬영 콘티	실내촬영 야외촬영 세트촬영	편집 송출

방송PD

방송PD는 라디오 또는 텔레비전의 프로그램을 기획·구성하여 제작하는 사람이다.

이들은 마치 교향악단의 지휘자처럼 방송에 참여하는 모든 사람들을 인도하여 프로그램을 책임지고 제작하는 사람이다. 이들이 만드는 것은 뉴스, 교양물, 오락물, 드라마 등 방송국의 프로그램을 모두 포괄하고 있다.

이 일은 막연히 PD가 멋있다거나 방송에 대한 신비감을 가지고 접근해서는 안 된다. 그보다는 사전에 자신의 적성과 맞는지 충분히 검토한 뒤 도전하고, 일단 시작하면 끝까지 장인정신을 가지고 매진해야 한다. 그렇지 않으면 4~5년 후에 이것저것 아는 것은 많은데 자신만의 전문적인 영역이 없는, 곧 잡식성 인간이 되기 쉽다.

PD가 되기 위해서는 우선 방송국의 입사시험에 합격해야 한다. 시험은 국어, 영어, 상식, 논문으로 일반적인 입사시험과 비슷하다. 한데 문제는 이 시험을 통과하기가 무척 힘들다는 것이다. PD시험에 합격하기 위해서는 거의 수백 대 일의 경쟁을 뚫어야 한다는 각오를 하지 않으면 안 된다. 그리고 입사시험에 합격해서 PD가 되면 일정 기간의 연수를 받아야 한다. 방송국에 따라 4주 정도의 인턴과정을 두는 곳도 있고, 더욱 긴 기간의 연수를 받도록 하는 곳도 있다. 그들은 이 기간 동안 각자에게 적합한 프로그램이 어떤 것인가를 결정하고, 자신이 원하는 파트를 지원하게 된다. 즉, 다큐멘터리인지, 드라마인지, 쇼인지, 오락물인지를 결정하는 것이다. 그리하여 각자의 부서에 배정을 받으면 그때부터 AD라고 불린다. 이로부터 선배 PD의 보조 역할을 하면서 온갖 자질구레한 일을 도맡아 해야 한다. 출연자 섭외에서 방송대본 확인, 녹화장소 헌팅, 촬영 준비상황 등을 모두 점검해야 한다. 그러면서 자기 재량껏 방송 프로그램에 대한 감각을 익히고 능력을 쌓아나가야 한다. 선배 PD가 프로그램에 대한 지식들을 직접 일러주는 경우는 거의 없기 때문이다.

요즘 지역민방과 종교방송, 각종 케이블방송 등이 제자리를 잡아가면서 능력 있는 PD의 수요가 급증하고 있다. 또 선진국의 경우 방송국이 늘어나면 독립 프로덕션에 의한 제작이 활성화되곤 했는데, 우리나라도 역시 크게 다르지 않을 것으로 보인다. 그럼 PD들이 자유롭게 방송 프로그램을 제작할 수 있는 기회가 크게 열릴 것이다. 그러므로 방송매체를 통해 자신의 생각을 나타내고, 대중문화를 선도해나가고자 하는 젊은이라면 이 분야를 지원해 보아도 좋을 듯하다.

구성작가

구성작가는 보도, 교양, 예능 프로그램 등에 있어서 방송 구성안을 작성하고 대본을 쓰는 사람을 말한다.

이들은 드라마를 제외한 보도, 교양, 예능, 라디오 등에서 프로그램의 기획과 구성, 대본작성 등을 한다. 즉, 기획 회의와 아이템 찾기, 사전 취재하기, 섭외하기, 대본쓰기 등의 일을 한다.

훌륭한 구성작가는 좋은 글재주 이상으로 자신이 맡은 프로그램에 대한 정확한 이해와 시청자의 기대에 부응하려는 노력, 기타 방송 시스템에 대해 잘 알고 있어야 한다. 예컨대 기획에서부터 아이템, 구성안, 대본작성 등까지의 전 과정에 대한 이론적 기초를 통해 프로그램을 만드는 요령을 익히고, 실무 위주의 교육을 바탕으로 실제적인 지식을 쌓아 방송 현장에 곧바로 투입될 수 있는 역량을 키워야 한다. 기타 구성작가로서의 소명의식과 전문지식, 인격을 갖추도록 해야 한다.

구성작가는 자료조사원 → 써브 혹은 꼭지작가 → 보조작가의 시기를 거쳐서 메인작가가 된다. 이렇게 밑바닥부터 일해야 하기 때문에 전공은 그리 중요하게 여기지 않는다. 졸업장보다는 일에 대한 열정과 능력으로 평가를 받는 것이다.

이들의 보수는 일정하지 않아서 정확히 알려진 것이 없다. 구성작가는 주로 프리랜서이기 때문에 방송사나 독립 프로덕션 등과 프로그램 단위로 고료를 계약하게 된다. 처음엔 100만원도 되지 않는 보수를 받지만 경력이 쌓일수록 더욱 높은 보수를 받고, 여러 프로그램을 맡을수록 보수는 더욱 늘어난다.

DMB나 IPTV 등 새로운 매체가 계속 출현하고 그에 따라 방송콘텐츠에 대한 수요가 증가하면서, 앞으로 구성작가의 전망은 매우 밝다고 하겠다.

진출방안은 크게 공개채용, 아카데미, 특별채용 등이 있다. 공개채용은 2~3년에 한번씩 실시하고 뽑는 인원도 10명이 채 되지 않기 때문에 입사하기가 쉽지 않다. 아카데미는 6개월 정도의 수료기간을 거치게 되는데, 웬만하면 방송사에서 직접 운영하는 아카데미에서 수강하는 편이 좋다. 거기에선 구성작가 과정을 이수하면 대부분 취업까지 주선해주기 때문이다. 특별채용은 방송국 내부작가들의 추천을 받거나 아카데미 등의 추천을 받아 뽑는 것이다.

드라마 작가

드라마 작가는 TV 드라마의 대본을 작성하는 사람이다.

드라마 작가는 무엇보다 박학다식하고 글재주가 좋아야 한다. 인간과 사회를 풍부하게 이해하고, 이를 드라마로 재구성해야 하기 때문이다. 또한 끊임없이 노력하고 연구하는 사람이어야 한다. 하루가 다르게 변해 가는 세상에 뒤떨어지지 않기 위해서, 그리고 갈수록 다양하고 고급화되어 가는 시청자들의 욕구를 충족시키기 위해서, 열심히 공부하는 작가가 되지 않으면 안 되는 것이다. 끝으로 대인관계가 좋아야 한다. 방송도 여러 사람들이 힘을 합쳐서 일하기 때문이다. 즉, 팀워크가 좋아야 뛰어난 작품을 만들어낼 수 있다.

21세기 디지털 시대의 도래로 다매체, 다채널 시대가 되면서 드라마작가의 수요가 크게 늘어나고 있다. 특히 드라마작가는 여성들에게 유망한 직종이다. 실제로 현재 활동 중인 인기드라마의 작가도 대부분 여성들인데, 그 이유는 드라마의 주요 시청자가 여성들이고 그들의 처지나 심리를 표현하는 데 여성작가들이 훨씬 유리하기 때문인 듯하다.

드라마작가가 되기 위한 가장 확실한 방법은 드라마 공모전에 당선되는 것인데, 이것은 정말 하늘의 별따기 만큼이나 어려운 일이다. 다음으로 방송 교육기관을 수료한 뒤 그곳의 추천을 받아 '서브작가'로부터 시작하여 5~6년 이상의 도제식 수련기간을 지내고, 드디어 명실상부한 드라마작가로서 정식 작품을 맡는 것이다. 요즘에는 드라마작가를 위한 교육기관이 서울에서만도 10여 곳이나 생겨 성업 중에 있다.

연기자는 드라마나 영화의 등장인물로 출연하여 대본(시나리오)과 감독의 연출에 따라 연기하는 사람을 말한다.

이들은 드라마나 영화의 극중 인물을 연기하기 위해, 우선 그들의 언어와 모습, 성격 등을 연구한 뒤, 대사를 암기하고 인물의 표정이나 행동을 연습한다. 그러고는 각 장면에 어울리는 옷차림과 분장을 하고 촬영 현장에서 갖가지 연기를 한다. 또한 촬영이 끝난 뒤에는 드라마나 영화의 화면을 보면서 목소리를 녹음하기도 한다.

탤런트나 영화배우 등 연기자가 되기 위해선 무엇보다 연기에 대한 열정이 있어야 한다. 그리고 다양한 배역을 소화해내기 위해선 음악과 무용, 미술 등 예술적 지식도 갖추어야 한다.

앞으로도 탤런트나 영화배우의 고용은 증가할 전망이다. 먼저 탤런트의 고용은 계속 늘어날 것이나, 공개채용으로 탤런트에 입문하기 위해서는 치열한 경쟁이 예상된다. 하지만 지역민방과 케이블 방송이 증가하고 있어서 이들의 활동범위는 더욱 늘어날 것이다. 영화배우의 경우에도 영화 산업의 발전에 따라 그 수요가 계속 늘어날 것이다. 통계자료에 따르면 1998년 한국영화의 제작편수는 43편에 관객수는 1,258만 명이었는데, 2001년에는 66편의 영화에 4,481만 명이 관람하여, 한국영화의 제작편수와 관람객이 계속 증가하고 있음을 알 수 있다. 또한 영화제작업자의 수도 1998년 이후 지속적으로 증가하고 있다.

일반적으로 탤런트는 각 방송국에서 1년에 한번 실시하는 연기자 공채시험을 통해 선발되고, 영화배우는 공개 오디션에서 발탁되어 연기자가 된다. 기타 CF 모델이나 연극 및 뮤지컬 배우 등으로 활동하다가 연기자로 입문하기도 한다.

성우

성우는 목소리로만 연기하는 배우이다.

이들이 종사하는 분야는 외화나 광고, 애니메이션, 게임 등의 더빙, 오락 프로그램과 다큐멘터리 등의 나레이션, 기타 라디오 드라마, 안내 멘트 등 다양한 분야에 걸쳐있다.

성우는 부단한 노력과 끈기가 필요한 직업이다. 여자 성우의 경우 집안일을 하면서 자유롭게 일할 수 있기 때문에, 소위 여자 직업 중 최고라고도 말한다. 하지만 남자의 경우 '대기만성형'이 많기 때문에 정말로 열정을 갖고 있지 않으면 중도에 포기하는 경우가 많다.

KBS의 경우는 많은 라디오 드라마의 녹음을 통해 연기적 기반을 쌓고, MBC는 외화 더빙에 치중하며, 투니버스는 신인 시절부터 애니메이션 조연 더빙으로 합류할 수 있다. 보통 2~3년 동안 해당 방송사에서 수습기간인 전속성우 과정을 거치고 나면 그 이후 프리랜서가 되어 어느 방송사든지 섭외를 받고 가서 일할 수 있게 되는데, 보통 10년 이상의 경력을 쌓게 되면 A급 성우라 불리게 된다. 전속성우 과정을 거치고 프리랜서가 되면, 이때부터 한국성우협회에도 등록된다.

성우가 되기 위한 특별한 학력이나 전공 제한은 없다. 학력은 고졸 이상부터 응시가 가능하며 대학 전공과는 상관이 없다. 일반적으로 성우 공채에 응시하기 위해서는 성우학원을 다니거나 방송사별 성우아카데미를 다니는 방법도 있고, 대학에서 연극영화를 전공하고 응시하는 방법도 있다.

스턴트맨

스턴트맨은 영화나 드라마, 공연 등에서 주연 배우를 대신하여 무술이나 춤, 수영, 스케이팅, 승마 등의 특수한 기술을 요하는 역할이나, 주연 배우가 하기 힘든 고난도의 연기를 대신하는 일을 담당한다.

이들은 특정 상황에 맞는 복장이나 분장을 하고 감독의 지시에 따라 액션연기, 춤, 수영, 스케이팅, 피아노 연주 등의 특수한 기술을 요하는 역할을 맡는다. 또한 주연 배우를 대신하여 고공 낙하, 자동차나 말에서 뛰어내리기, 폭발 직전의 건물에서 뛰쳐나오기 등의 위험한 연기를 하기도 한다.

이 일을 하기 위해선 순발력과 운동신경 및 위기대처 능력이 요구된다. 그리고 춤이나 스케이팅, 승마, 무술 등의 전문적 기술과 연기 능력을 갖추고 있어야 한다.

최근 스턴트맨의 연기가 작품의 사실성을 높이는데 매우 중요한 요소로 인식되면서, 스턴트맨을 전문 연기자로 인정해주는 경향이 나타나고 있다. 그러므로 무술이나 각종 신체 기술에 능숙하고, 또 영화나 드라마 등에 관심이 많은 사람들은 한번쯤 도전해 볼 만하다.

43

비디오저널리스트(VJ)

비디오저널리스트(VJ)는 비디오카메라를 가지고 각종 방송물을 직접 기획, 취재, 촬영, 편집 등을 담당하는 사람이다.

이 일을 하기 위한 특별한 학력이나 전공 제한은 없지만, 대학이나 대학교에서 신문방송 관련학과를 졸업하는 것이 유리하다. 그리고 방송 보도와 관련된 모든 제작작업을 독자적으로 수행해야 하므로 무엇보다 신체적으로 건강해야 한다. 또한 방송물의 제작에는 오랜 시간과 노력이 필요하므로, 인내력과 끈기, 프로근성 등이 요구된다. 기타 다양한 부류의 사람들을 만나고 그들의 생활과 사건을 취재해야 하므로, 원만한 대인관계와 의사소통 능력이 요구된다.

현재 방송국에선 비디오저널리스트들이 가지고 있는 현장 기동성과 생생함에 주목하여 다양한 프로그램을 신설하는 등 많은 관심을 기울이고 있다. 이에 따라 앞으로도 비디오저널리스트들의 고용은 다소 증가할 것으로 전망된다.

비디오저널리스트는 공채나 특채, 개인적 소개를 통해 공중파 방송 및 케이블 방송에서 계약직의 형태로 일하거나 외주 방송프로덕션에서 일할 수 있으며, 또 프리랜서로서도 활동할 수 있다.

아나운서

아나운서는 TV나 라디오 방송에서 사회자 및 진행자로 활약하는 사람이다.

방송 프로그램이 다양한 만큼 이들이 하는 업무도 대단히 광범위하다. 뉴스 프로그램에서는 사건을 보도하는 앵커가 되기도 하고, 건강이나 교양, 문화, 시사정보 등을 다루는 프로그램에서는 MC 역할을 담당하기도 한다. 또한 스포츠 프로그램에서는 중계자의 역할을, 라디오 음악 프로그램에서는 DJ 역할을 하기도 한다.

일반적으로 아나운서는 폭넓은 교양과 지식 뿐만 아니라 시사문제에 대한 깊은 이해를 가지고 있어야 하며, 방송할 때에는 풍부한 표현과 정확한 발음, 기사의 내용에 맞는 억양과 톤 및 속도의 조절 능력을 갖추고 있어야 한다. 특히 아나운서는 모든 사람들을 대상으로 하는 업무이기 때문에, 표준말의 사용이 무엇보다 중요하다. 나아가 항상 대중들과 직·간접적으로 만나야 하기 때문에 시청자들 앞에 아무렇지도 않게 나설 수 있는 적극성과 대담성, 자신감이 있어야 한다.

아나운서는 방송사에 속해 있는 회사원이기 때문에 근무 연수와 직급에 따라 받는 연봉이 서로 다르다. 평균 연봉은 신입사원을 기준으로 SBS가 3500, MBC가 3200, KBS가 3000만원 정도라고 한다. 다매체 다채널 시대에 방송 프로그램을 진행하는 아나운서 역시 지금보다 훨씬 많은 인적자원이 필요하게 될 것이다. 특히 방송과 통신의 융합으로 인터넷 전문방송, 위성방송과 같은 새로운 방송 산업의 급격한 성장을 예고하고 있는데, 이에 따라 아나운서의 고용기회도 더욱 넓어질 전망이다.

아나운서가 되기 위해 필요한 별도의 자격증은 없다. 공중파 방송의 경우는 정규적으로 공개채용을 통해 선발하고, 유선방송의 경우는 필요할 때마다 자사의 홈페이지나 일간지를 통해 채용공고를 낸다. 아나운서를 비롯하여 방송 관련 직업에 대한 선호도가 매우 높기 때문에 앞으로도 취업 경쟁은 더욱 치열할 것이다.

리포터

리포터는 뉴스나 시사문제 등을 취재하여, TV와 라디오, 케이블, 인터넷 방송 등에 기사 내용을 전달하는 일을 담당한다.

이들이 하는 일은 취재를 위해 사건 현장에 직접 가거나 사건 당사자들을 만나서 인터뷰하며, TV나 라디오의 교양, 오락 프로그램에 출연하여 취재한 내용을 소개한다.

리포터는 무엇보다 표준어와 바른말을 구사할 수 있는 능력이 요구되며, 방송에 출연하기 때문에 시청자들에게 호감과 신뢰감을 줄 수 있는 외모를 가지고 있어야 한다. 또한 사건 취재나 방송출연 도중 발생할 수 있는 돌발 상황에 대한 대처능력이 요구되며, 깊이 있는 내용의 전달을 위해 사회, 문화, 예술, 과학 등 다방면에 대한 지식과 관심을 갖고 있어야 한다.

케이블 방송, 인터넷 방송 등 언론매체의 영역이 확대됨에 따라 심층적 분석과 현장성을 가진 리포터에 대한 수요가 커지고 있으며, 리포터의 활동 영역도 정치나 경제, 사회, 문화, 교육, 과학, 의료 등으로 점차 세분화되고 전문화될 전망이다.

리포터가 되기 위해서는 대학 졸업 이상의 학력이 요구된다. 그리고 방송국 부설 교육기관이나 사설 교육기관에서 리포터가 되기 위한 훈련을 받을 수 있다.

방송기자는 사건이 발생한 현장에서 취재를 하여 1분 20초~1분 30초 동안 시청자들에게 쉽고도 조리 있는 언어로 그 내용을 전달하는 사람이다.

이들은 방송국의 보도국에 소속되어 있는데, 신문기자와 마찬가지로 정치부, 경제부, 사회부, 문화부 등 담당 부서가 있으며, 정해진 출입처에서 취재하거나 별도의 취재원을 만나 취재하기도 한다. 또한 공식 기자회견이 있을 경우 그곳에 참가하여 취재한다. 나아가 각 방송사마다 국제부 소속으로 해외특파원이 있는데, 이들은 세계의 주요도시에 파견되어 해당 국가의 여러 가지 뉴스를 전한다.

방송기자가 갖추어야할 요건들은 다음과 같다. 우선 방송뉴스는 매시간 사건을 보도해야 하므로 신속성이 요구된다. 다음으로 방송용 카메라나 차량 등의 장비를 가지고 기술요원들과 함께 팀을 이뤄 일해야 하기때문에 팀웍도 중요하다. 또한 방송기자는 정확한 표준어를 쓸 수 있어야 하고, 어느 정도의 글쓰기 능력, 곧 어휘력과 표현력도 필요하다. 나아가 사회의 어두운 구석을 조명하고 부정과 비리를 고발하는 프로그램을 맡기 위해서는 사회 전반에 대한 끊임없는 관심과 애정, 그리고 취재의 어려움을 뚫고 나갈 수 있는 임기응변 능력도 갖고 있어야 한다.

21세기 디지털 시대의 도래로 기존의 공중파 방송뿐만 아니라 새로운 민영방송, 케이블방송, 위성방송 등이 등장하면서, 방송 보도와 관련된 시장 영역이 매우 확대되고 있다. 이로 인해 향후 방송기자에 대한 수요가 계속 증가할 것으로 보인다. 그러나 사회정의를 실현한다는 자부심과 일의 성취도, 사회적 인식이 높아 여전히 기자로 취업하려는 사람들이 많으므로, 주요 방송사마다 입사 경쟁률은 대단히 높은 편이다.

　방송기자를 지망하는 사람은 입사시험에 응시하여 치열한 경쟁을 뚫고 합격해야 한다. 간혹 특별채용이나 스카웃이 있긴 하지만, 이는 어디까지나 경력자에 제한된 것이다. 학력은 대졸 이상인 자로 응시 조건을 두는 경우가 대부분이고, 전문지식을 가진 기자를 채용하기 위해 석사학위 이상 소지자를 별도로 채용하는 곳도 있다.

촬영기사(촬영감독)

　촬영기사란 스튜디오 카메라나 영화 카메라 등의 촬영 장비를 사용하여 방송 프로그램이나 영화에 필요한 각종 물체나 대상을 촬영하는 사람이다.

　이들은 먼저 대본(시나리오)에 따라 화면의 배열을 결정한다. 그런 다음 화면의 노출, 촬영 대상과 카메라의 움직임, 기타 문제점을 고려하여 대상을 촬영한다. 그리고 촬영이 완료되면 필름을 교환하고 촬영 일시와 장면 등을 기록해둔다.

　이 일을 하기 위한 특별한 자격조건은 없으나 문화콘텐츠 직업 중 가장 기술적 숙련도를 요구하는 분야이므로, 방송전문학원의 촬영과목을 이수하거나 영화예술고등학교, 대학 및 대학교의 연극영화과 또는 예술종합학교 영상원 등을 졸업해야 한다. 남녀의 구별이나 학력에도 별다른 제한을 두지는 않지만, 평균 12킬로그램 정도의 무거운 장비를 들어야 하므로 가급적 신체가 건강한 사람이어야 한다. 또한 상상력과 미적 감성이 풍부한 사람이라면 더욱 유리하다. 하지만 무엇보다 중요한 것은 영상을 좋아함과 동시에 끈기가 있어야 한다는 것이다.

촬영기사가 되기 원하는 사람들은 심지어 촬영감독협회에서도 받아서 실습생으로 일하게 해준다. 하지만 3~4개월이 지나면서 인내심이 없는 사람이나 경제적 궁핍함을 견디지 못하는 사람, 나아가 자기와 맞지 않은 분야라고 생각하는 사람은 중도에 포기해버린다고 한다.

한편, 방송사의 경우에는 촬영기사를 신입사원 공채 때에 전문 기술직으로 선발한다. 필기와 면접 시험은 방송사의 다른 분야와 같지만 이들은 기술직이므로 실기시험도 치러야 한다. 그러므로 비디오나 사진촬영에 재능이 있거나 다른 곳에서 실제로 촬영을 해본 경험이 있는 사람들이 주로 뽑힌다.

녹음 및 음향 기사(음향감독)

녹음 및 음향 기사는 방송 프로그램이나 영화 등을 제작하기 위해 녹음장비와 음향장비를 조작하는 사람이다.

이들은 음성혼합기, 마이크, 효과장비, 편집기 등을 이용하여 각종 신호를 입력하거나 가공해서 적절한 소리를 연출해내는 일명 '소리의 마술사' 라고 할 수 있다.

이 일을 하기 위해선 배우의 대사 톤의 변화를 감지해낼 수 있는 예민한 청력이 요구되며, 또 녹음 장비들을 설치하고 조작, 통제할 수 있는 능력도 필요하다. 나아가 촬영과 조명, 편집, 믹싱 등 여러 분야에 대한 지식과 끊임없이 발전하는 기술변화에 대응하여 재빠르게 새로운 기술을 배우고 익히려는 자세가 요구된다.

요즘 지상파 방송과 위성 방송, 케이블 방송, 각종 프로덕션 등 새로운 방송매체와 방송사들이 계속 증가하고 있다. 그러므로 향후에도 녹음 및 음향 기사의 고용은 계속 증가할 것으로 보인다.

녹음 및 음향 기사가 되기 위한 특별한 자격이나 학력 조건은 없다. 이 일은 학원이나 동아리 활동, 대학에서 기술을 배워 취업하는 경우가 많으며, 보조업무로부터 시작하여 기사에 이르는 것이 일반적이다. 물론 방송국에서 일하기 위해서는 치열한 공개채용 시험에 응시하여 합격하여야 한다. 대개 방송기술직으로 채용되고 있으며, 최종시험에 합격하여 방송국에 입사하게 되면 일정 정도의 수습기간을 통해 방송기술과 관련된 제반 업무를 익히게 된다.

조명기사 (조명감독)

조명기사는 TV 프로그램이나 영화에 올려질 작품의 내용과 성격, 제작의도 등을 파악한 후, 조명장비를 이용해서 각 장면에 가장 잘 어울리는 분위기를 만들어내는 사람이다.

과거 조명의 역할이 단순했던 시절에는 조명기사를 지망하는 사람의 자격요건으로 색이나 빛에 대한 기본적인 감각, 조명기계를 잘 다룰 수 있는 기술적인 능력, 연출가와 호흡을 잘 맞출 수 있는 원만한 인간관계 등을 주로 꼽았다. 하지만 최근 들어선 조명을 제대로 하려면, 그 외 심리학, 음악, 전기, 물리학 등 다방면의 지식을 많이 쌓도록 요구하고 있다. 예컨대 어린이 프로그램을 담당하는 사람은 아이들이 상상의 나래를 펼칠 수 있는 분위기를 만들도록 아동심리학을 공부해야 하고, 음악 프로그램을 맡은 사람은 새로 나온 가요의 분위기에 알맞는 조명을 위해 음악적 지식이 있어야 한다. 또한 조명의 기초이론에 대한 탄탄한 이해와 응용력, 창조적인 아이디어를 산출해내는 능력, 기타 장비를 효율적으로 운영하는 능력 등도 있어야 한다.

요즘 들어 조명기술 분야에서도 점점 전문화의 바람이 불고 있다. 여태까지는 순환제 방식으로 일정기간 주어진 프로그램을 맡다가 그 일을 마치면 다른 분야로 옮겨가곤 하였다. 하지만 이젠 특정 조명기술인이 특정 장르의 프로그램을 전담하는 새로운 조명 시스템을 만들어가고 있는 추세이다. 또한 야외무대만을 전문적으로 담당하는 용역업체들도 생겨나고 있어서 전문화 경향을 가속화시키고 있다.

지금까지는 조명기사를 위한 전문적인 교육기관이 없어서, 대개 조명기사의 조수로 들어가 조명기술을 전수받곤 하였다. 방송국에서도 일단 방송 기술직으로 들어간 뒤, 연수과정에서 조명기술부에 배치되어 조명기사에게 기초부터 배우는 경우가 대부분이었다. 하지만 요즘에는 방송 아카데미와 같은 곳에서 조명교육을 개설하여 별도로 가르치고 있다.

편집기사 (편집감독)

편집기사는 방송 제작의 마지막 단계인 편집과정에서 프로그램의 완성도를 최종적으로 책임지는 사람이다.

최근에는 모든 프로그램이 스튜디오에서 토막토막 제작되고, 이렇게 제작된 프로그램을 편집과정을 통하여 비로소 하나의 작품으로 완성한다. 보통 편집업무는 드라마, 쇼, 다큐멘터리, 대담 등 프로그램의 성격에 맞는 각종 음향효과 및 자막을 넣고, 다양한 영상장비를 활용하여 프로그램의 품질을 향상시키는 일련의 작업과정을 말한다.

이 일을 하기 위해선 컴퓨터와 전자공학에 관한 지식이 있으면 좋고, 짧은 시간에 효과적으로 일할 수 있는 순발력과 분석적 사고가 필요하다. 또한 기술적인 측면뿐만 아니라 영상편집에 대한 감각도 필요하다. 주어진 많은 자료들 가운데 정보와 감동을 전달할 수 있는 최상의 영상을 뽑을 수 있어야 하는 것이다.

편집기사가 되기 위해서는 소프트웨어와 함께 하드웨어에 관한 지식이 두루 필요하기 때문에 인문계열보다는 이공계열의 전기, 전자, 통신, 컴퓨터 관련 학과를 졸업하는 것이 좋다. 그리고 학교를 졸업하면 프로덕션이나 유명 편집기사의 밑에서 적은 보수를 받으며 수습기간을 거쳐야 한다. 아무리 빨리 독립하고 싶더라도 최소한 4~10년 정도의 수습기간을 거치며 많은 기술들을 익혀야 한다. 그리하여 뛰어난 능력을 보이게 되면 보수 또한 상당하다. 디지털 편집기술과 같은 새로운 기술의 등장으로, 향후 편집 분야의 일은 끝이 보이지 않는 유망직종이다.

송출기술자

송출기술자는 이미 만들어진 방송 프로그램을 시청자들에게 연결해주는 역할을 담당한다.

이들은 녹화된 테이프를 방송 프로그램의 순서대로 재생하고 모니터를 관찰한다. 우선 편성 프로그램의 순서대로 녹화된 테이프를 재생하여 영상의 구도나 색상 등을 조절하는 조정판(콘솔)을 조작한다. 그리고 영상의 색상 번짐이나 화면 떨림 같은 기술적인 사항을 전반적으로 점검한다.

이 일을 하기 위한 특별한 자격조건은 없으나, 방송전문학원의 영상과 편집 과목을 이수하거나 영화예술고등학교, 대학 및 대학교의 연극영화과, 예술종합학교 영상원 등을 졸업하면 유리하다. 또한 기술 관련 직업이므로 전기기사 1.2급 자격증을 소지할 경우 더욱 유리하다.

대개 이 직업의 종사자들은 3년차 연봉을 기준으로 평균적으로 3,300 ~3,600만원을 받고, 초임은 2,600~2,800만원 정도라고 한다.

모니터 요원

원래 모니터 요원은 방송, 신문, 잡지 등의 내용 또는 상품의 품질 따위에 대하여 일반 이용자의 입장에서 평가하고 충고해주는 사람을 말한다.

방송국에서는 프로그램에 관한 평가와 계획수립 등의 자료를 얻기 위해 모니터 요원을 채용하는데, 주로 라디오나 TV 프로그램 중 2~3개 정도를 지정하여 직접 청취하거나 시청하고 그에 대한 비평과 개선점을 지적하도록 한다.

모니터 요원은 특별한 자격제한을 두고 있지 않기 때문에, 성별이나 나이, 학력, 결혼 여부에 상관없이 관심과 의욕이 있는 사람이라면 누구나 지원할 수 있다. 이 일을 하기 위해 가장 필요한 적성이라면 사물을 객관적으로 파악할 수 있는 능력이다. 하지만 전문적인 모니터 요원으로 활동하기 위해서는 여러 가지 지식들을 풍부하게 갖추도록 끊임없이 노력하는 자세가 필요하다.

이 일은 1990년대를 전후로 새로운 직업으로 각광받기 시작했는데, 특히 여성들에게 인기가 높은 직종이 되었다. 그러나 활동이 자유로운 반면 보수가 낮기 때문에, 직업으로 선택하려면 적어도 2~3군데에서 일해야 한다. 또한 학교나 직장을 다니는 사람들도 부업이나 아르바이트로 일할 수 있다는 장점이 있다.

3장

충남 공주영상대학 방송영상미디어과, 영상촬영조명과, TV편집제작과

경북 영남외국어대학 방송영화과

충북 주성대학 방송연기영상과

충청 충청대학 방송광고제작과

전북 전북과학대학 디지털영상전공

경남 창신대학 방송영상제작과

제주 제주관광대학 방송사진영상

제주 제주한라대학 방송영상과

서울 경희대학교 신문방송전공

서울 광운대학교 신문방송전공

서울 국민대학교 언론학전공

서울 단국대학교 방송영상학전공

서울 동국대학교 신문방송학전공

서울 서강대학교 신문방송학

서울 서울대학교 언론정보학과

서울 서울디지털대학교 디지털영상전공

서울 서울산업대학교 케이블방송정보학과

서울 서울여자대학교 언론학전공

서울 성공회대학교 신문방송학과

서울 성균관대학교 신문방송학전공

서울 성신여자대학교 방송커뮤니케이션전공

서울 세종대학교 신문방송학

서울 숙명여자대학교 정보방송학전공

서울 연세대학교 신문방송학과

서울 이화여자대학교 방송영상학전공, 언론정보학전공

서울 중앙대학교 신문방송학과, 언론저널리즘전공

서울 한국외국어대학교 방송영상전공, 언론정보전공

서울 한양대학교 신문방송학전공

경기 경원대학교 신문방송학과

경기 대진대학교 신문방송학과

경기 수원대학교 언론정보학과

경기 안양대학교 신문방송학과

경기 한세대학교 신문방송학

경기 한양대학교 신문방송학전공

부산 경성대학교 디지털영상전공, 신문방송학과

부산 동명대학교 신문방송학과

부산 동서대학교 방송영상전공

부산 동아대학교 신문방송학과

부산 동의대학교 신문방송학과

부산 부경대학교 신문방송학과

부산 부산대학교 신문방송학과

인천 인천대학교 신문방송학과

인천 인하대학교 언론정보학

대전 충남대학교 언론정보학

대구 경북대학교 신문방송학과

대구 계명대학교 디지털영상전공, 신문방송학전공

광주 광주대학교 신문방송학과

광주 전남대학교 신문방송학과

광주 조선대학교 신문방송학과

광주 호남대학교 신문방송학

강원 강원대학교 방송영상기술, 신문방송학과

강원 상지대학교 언론영상전공

강원 한라대학교 디지털방송공학과

강원 한림대학교 방송통신전공, 언론학전공

충청 건국대학교 신문방송학

충청 세명대학교 미디어창작학과

충청 영동대학교 디지털영상

충청 청주대학교 신문방송학

충청 선문대학교 신문방송학전공

충청 순천향대학교 신문방송학과

충청 중부대학교 방송영상학과, 신문방송학과

충청 청운대학교 디지털방송공학과, 방송영상학과, 방송음악과

충청 한서대학교 신문방송학과

전라 우석대학교 신문방송학과

전라 원광대학교 신문방송학

전라 전북대학교 신문방송학과

전라 한일장신대학교 신문방송영화학

전라 호원대학교 방송영상

경상 건동대학교 신문방송학전공

경상 경운대학교 신문방송학

경상 대구가톨릭대학교 언론영상전공

경상 대구대학교 신문방송학과

경상 영남대학교 언론정보학과

경상 한동대학교 언론정보학

경상 경남대학교 신문방송학

경상 영산대학교 신문방송학과

경상 창원대학교 언론정보학과

MBC방송아카데미

KBS방송아카데미

SBS방송아카데미

CBS방송아카데미

한국방송아카데미

국제방송아카데미

한겨레 교육문화센터

한국영상작가교육원

3장

한국방송예술진흥원(http://www.kbas.org)

한국방송작가협회(http://www.ktrwa.or.kr)

서울방송아카데미(http://www.kacademy.co.kr/index.php)

KBS방송아카데미(http://www.kbsacademy.co.kr)

한국방송아카데미(http://www.kbatv.co.kr)

국제방송아카데미(http://www.ibatv.com)

동아문화센터(http://www.dongacc.com)

CBS방송아카데미(http://www.cbs.co.kr/munhwa)

한국언론재단(http://www.kpf.or.kr)

한국기자협회(http://www.journalist.or.kr)

한국직업능력개발원(http://www.careernet.re.kr)

심리검사전문연구기관(http://www.guidance.co.kr)

인크루트(http://www.incruit.com)

중앙고용정보원(http://www.keis.or.kr)

커리어넷(http://www.careernet.re.kr)

김봉석, 《공상이상 직업의 세계》, 한겨레출판, 2006

정창권, 《문화콘텐츠학 강의》(깊이 이해하기), 커뮤니케이션북스, 2007

정창권, 《문화콘텐츠학 강의》(쉽게 개발하기), 커뮤니케이션북스, 2007

4

영화

영화는 한국의 문화콘텐츠 중 가장 눈에 띄게 발전하고 있는 분야이다. 한 달에도 몇 편씩의 영화가 쏟아져 나오고, 천만 관객을 돌파할 정도로 최고의 호황을 누리고 있다. 그 이유는 영화가 대중화되어 누구나 쉽게 접할 수 있고, 작품성과 상업성을 겸비한 영화가 계속 나오고 있으며, 더 나아가 정부의 적극적인 지원도 한몫을 했던 듯하다. 하지만 가장 큰 원인은 문자시대에서 영상시대로 전환했기 때문이 아닐까 한다. 영상기술이 발달하고 자본이 증대될수록 대중들의 선호하는 매체가 문자에서 영상으로 옮겨가는 법이기 때문이다.

이러한 현상은 20세기 후반에서 21세기 초반 한국 사회에서 가장 두드러지게 나타났다. 예컨대 1999년 〈쉬리〉가 600만 관객을 불러 모으며 흥행 신기록을 세운 이후, 2001년 〈친구〉가 820만 관객, 2004년 〈실미도〉와 〈태극기 휘날리며〉가 각각 천만 관객을 돌파했으며, 또 2006년 〈왕의 남자〉와 〈괴물〉은 무려 1200여만 관객을 돌파했다.

물론 한국 영화는 장르의 편중화가 심하고, 배우와 감독의 캐스팅 비용이 너무 높으며, 지나치게 극장 매출에만 의존하는 등 적잖은 한계를 안고 있다. 하지만 이러한 문제들만 해결된다면 한국 영화는 앞으로도 지속적으로 발달할 것으로 전망된다.

영화 제작과정

단계	사전제작 (Pre-production)	제작 (production)	후반제작 (Post-production)
담당자	기획자 시나리오작가 감독 연기자	촬영감독 미술감독 조명감독 음향감독 의상 디자이너 분장사 특수분장사	편집기사 홍보전문가
주요 내용	기획 시나리오개발 배우, 스태프결정 투자자 교섭(파이낸싱) 촬영장소 헌팅 리허설 콘티 제작	야외촬영 오픈촬영 (실내촬영) 세트촬영	가편집 컴퓨터그래픽 옵티컬작업 녹음 광학녹음 색보정 모니터링

영화 기획자는 한편의 영화가 탄생하는 것에서부터 홍보와 마케팅에 이르기까지의 전반적인 과정을 책임지는 사람이다.

이들은 우선 최근 영화의 흐름을 파악하여 시나리오를 공모하고, 영화가 작품성에 치중할지 상업성에 치중할지를 결정한다. 다음으로 시나리오가 결정되면 그에 적합한 감독을 선정한 뒤, 그와 함께 시나리오를 기획 의도대로 재구성하거나 더욱 탄탄하게 편집한다. 그리하여 배우를 캐스팅하고 스태프를 구성한다. 또한 정확한 예산을 세우고 촬영 도중에 발생할 수 있는 변수들을 최대한 파악한다. 나아가 제작과 편집 기간을 정하고, 영화를 가장 효과적으로 알릴 수 있는 홍보방법을 결정한다. 보통 홍보는 인터넷과 신문, 방송, 이벤트 등 다양하게 계획하고, 영화를 화제의 대상으로 만들기 위해 작품의 촬영기간 동안에도 활발히 홍보활동을 펼친다.

영화 기획자는 기획과 마케팅 능력을 두루 겸비해야 하기 때문에 경영과 관련된 전공을 하는 것이 좋다. 그리고 새로운 작품을 기획하여 실행시키기 위해서는 일에 대한 추진력이 필요하기 때문에 모험을 두려워하지 않는 성격이 알맞다. 또한 홍보업무를 담당하기 위해선 매스컴의 생리도 잘 알고 있어야 한다.

현재 한국의 영화 산업은 침체 속에서 새로운 활로를 모색하고 있는 단계라고 할 수 있다. 하지만 그것은 역설적으로 영화 기획자의 전망이 밝다는 점을 말해 주는 것이기도 하다. 왜냐하면 좋은 기획이야말로 한국 영화를 외면하는 관객들을 끌어들일 수 있는 가장 효과적인 방법이기 때문이다.

영화 기획자의 업무가 점차 중요하게 인식되고 있지만, 아직도 영화 기획자가 되기 위한 어떤 뚜렷한 방법이 있는 것은 아니다. 공개채용을 하는 회사가 있는 것도 아니고, 전문자격증이 있는 것도 아니다. 대개 영화사 기획실의 경우는 개인적인 소개나 영화와 관련된 여러 가지 인연으로 일하고 있으며, 경력과 능력이 있는 사람들은 프리랜서로 일하거나 몇몇 사람들이 모여 독립된 영화 기획사를 만들기도 한다. 물론 앞으로는 영화 기획사에서 필요한 인원을 공개 채용할 가능성도 적지 않다.

시나리오 작가

시나리오 작가는 영화 제작을 위해 작품의 테마를 선정하고, 그 테마에 따라 새로운 영화의 대본을 창작하거나 기존의 문학작품을 각색하여 대본을 집필한다.

이들은 우선 영화의 테마를 선정하고 그에 따른 역사적 상황이나 사건의 과정 등을 조사하여 작품의 줄거리를 구상한다. 그런 다음 시대적 배경과 등장인물의 성격을 결정하고 영화를 전개하는데 필요한 지문과 대사를 구상한다. 마지막으로 각 장면의 특징에 따라 인물의 표정과 동작, 음향, 조명 등을 고려하여 시나리오를 작성한다.

이 일을 하기 위해선 인간과 사물에 대한 세밀한 관찰력과 호기심, 그것들을 글로써 잘 표현할 수 있는 문장력과 언어감각이 있어야 한다. 그리고 항상 새로운 아이디어를 생산해야 하므로 스트레스를 잘 견뎌낼 수 있는 인내심과 대처능력이 있어야 한다. 또한 이들은 연출을 통해 시각적으로 보여지는 작품을 쓰기 때문에 영상적 감각도 요구된다.

시나리오 작가들은 3년차 연봉을 기준으로 평균적으로 3,600~4,000만원 정도를 받고, 초임은 1,300~1,600만원 정도라고 한다. 하지만 이들은 대부분 작품당 비용을 받기 때문에, 위의 연봉은 흥행한 영화 시나리오 작가의 경우에 해당된다고 볼 수 있다.

영화제작에 대한 정부의 관심과 지원이 늘어날 것으로 예상됨에 따라, 앞으로 다양한 소재와 장르의 시나리오들이 필요해질 전망이다. 또한, 한국영화에 대한 관객들의 호응도가 높기 때문에 시나리오 작가의 고용은 향후 계속해서 증가할 것으로 예상된다.

시나리오 작가가 되기 위한 특별한 자격 요건은 없으나, 수년간의 습작과 다양하고 풍부한 세상 경험을 쌓아야 한다. 대학교의 국어국문학과나 문예창작과에 진학하면 시나리오를 쓰는데 보다 유리하다. 시나리오 작가가 되는 길은 공모전이나 추천 등 여러 가지 방법이 있다. 하지만 최근에는 젊고 의욕 있는 시나리오 작가들을 중심으로 이러한 과정을 거치지 않은 채, 곧바로 단행본을 출간함으로써 시나리오 작가로 데뷔하는 경우도 늘어나고 있다.

영화 감독

영화 감독은 영화제작 분야에서 총체적인 지휘를 담당하는 사람이다.

이들은 먼저 시나리오를 분석하고 제작진과 배역을 결정한다. 그리고 촬영현장의 답사 및 세트의 디자인을 검토하고 촬영계획을 세운다. 또한 리허설을 감독하고 연기를 지도하며 작품을 편집하기도 한다. 기타 대사, 음악 및 특수 효과 등에 대한 녹음을 지도한다.

이 일을 하기 위해선 무엇보다 영화를 좋아해야 하고 편견에 얽매이지 않는 자유로운 사고를 할 수 있어야 한다. 또 소설을 읽으면서도 영화적으로 분석하고 재구성하는 능력을 갖추고 있어야 한다. 나아가 감독은 제작현장의 총체적인 책임자로서 팀을 추진력 있게 이끌어 나가야 하기 때문에 때로는 카리스마를 발휘할 수도 있어야 한다. 끝으로 영화 감독은 하루아침에 되는 것이 아니므로 끈기를 가지고 기다릴 수 있는 인내력을 가지고 있어야 한다.

영화 감독이 되는 방법은 여러 가지인데, 그것들을 좀더 체계적으로 살펴보면 다음과 같다.

첫 번째는 영화 연출부에서 일하는 것이다. 이는 현장의 분위기를 익히고 영화의 현실을 파악하기 위한 가장 확실한 방법으로, 예전에는 이 방법만이 영화인이 되기 위한 유일한 수단이었다. 보통 연출부에는 여러 총감독 이외에도 조감독과 스크립터가 있다. 그리고 조감독도 퍼스트, 세컨드, 써드로 나누어진다. 감독이 되기 위해서는 이러한 과정들을 거치게 되는데, 써드에서 퍼스트까지를 거치는 것만 해도 무려 5~10년이 걸린다. 물론 이 기간은 개인의 역량에 따라 달라지기도 한다. 이 연출부 생활에서의 단점은 경제적인 문제이다. 예컨대 써드의 경우 보통 4개월 이상이 걸리는 영화 한편의 제작에 고작해야 150~200만원 가량을 받고 있다. 하지만 연출부 생활은 영화계의 인맥을 쌓기에 가장 유리하며, 영화현장에 대한 감각을 익히는 데에도 매우 좋은 방법이다.

두 번째는 영화적 재능을 인정받을 수 있는 방법으로, 시나리오 작가를 거쳐 영화 감독이 되는 것이다. 시나리오를 잘 쓴다는 것은 어떠한 상황을 영화적으로 잘 형상화하는 능력을 가졌다는 것을 의미한다. 대개 좋은 시나리오를 쓰기 위해서는 연출부 생활을 거치거나 전문적인 교육 기관에서 체계적으로 배우기도 하며, 또 시나리오 공모전을 준비하기도 한다.

세 번째는 단편영화 감독을 거치는 것이다. 대표적인 예로 1990년대 는 단편영화에서 영화적 역량을 키워오던 사람들이 본격적으로 상업영화의 감독으로 진출하던 시기였다. 단편영화를 만드는 일은 재정적 문제 뿐 아니라 상업영화에 비해 자유로운 제작여건을 갖추고 있다. 물론 단편영화를 상업영화로 진출하기 위한 하나의 수단으로 보는 것은 무리이지만, 많은 영화인들이 인재를 물색하기 위해 단편영화제를 주목하고 있음을 간과할 수 없다.

한편, 영화에 대한 체계적인 지식을 쌓고 싶다면 각 대학의 영화학과에 진학하거나 영화아카데미를 거치는 것이 좋다. 또한 영화동호회를 만들거나 문화센터에서 영화 관련 강좌를 수강하는 것도 한 가지 방법이다.

연기자

연기자는 드라마나 영화의 등장인물로 출연하여 대본(시나리오)과 감독의 연출에 따라 연기하는 사람을 말한다.

이들은 드라마나 영화의 극중 인물을 연기하기 위해, 우선 그들의 언어와 모습, 성격 등을 연구한 뒤, 대사를 암기하고 인물의 표정이나 행동을 연습한다. 그리고는 각 장면에 어울리는 옷차림과 분장을 하고 촬영 현장에서 갖가지 연기를 한다. 또한 촬영이 끝난 뒤에는 드라마나 영화의 화면을 보면서 목소리를 녹음하기도 한다.

텔런트나 영화배우 등 연기자가 되기 위해선 무엇보다 연기에 대한 열정이 있어야 한다. 그리고 다양한 배역을 소화해내기 위해선 음악과 무용, 미술 등 예술적 지식도 갖추어야 한다.

앞으로도 텔런트나 영화배우의 고용은 증가할 전망이다. 먼저 텔런트의 고용은 계속 늘어날 것이나, 공개채용으로 텔런트에 입문하기 위해서는 치열한 경쟁이 예상된다. 하지만 지역민방과 케이블 방송이 증가하고 있어서 이들의 활동범위는 더욱 늘어날 것이다. 영화배우의 경우에도 영화 산업의 발전에 따라 그 수요가 계속 늘어날 것이다. 통계자료에 따르면 1998년 한국영화의 제작편수는 43편에 관객수는 1,258만 명이었는데, 2001년에는 66편의 영화에 4,481만 명이 관람하여, 한국영화의 제작편수와 관람객이 계속 증가하고 있음을 알 수 있다. 또한 영화제작업자의 수도 1998년 이후 지속적으로 증가하고 있다.

일반적으로 텔런트는 각 방송국에서 1년에 한번 실시하는 연기자 공채시험을 통해 선발되고, 영화배우는 공개 오디션에서 발탁되어 연기자가 된다. 기타 CF 모델이나 연극 및 뮤지컬 배우 등으로 활동하다가 연기자로 입문하기도 한다.

영화 번역가

영화 번역가는 영화를 번역해서 자막으로 내보내는 역할을 하는 사람이다.

영화의 자막은 보통 화면 오른쪽에 처리하는데, 세로로 7자씩 3줄, 총

21자까지 허용된다. 이 21자 속에 모든 대사를 표현해야 한다.

영화 번역가가 되기 위한 특별한 자격 조건은 정해져 있지 않다. 하지만 이 일을 제대로 하기 위해서는 꽤 까다로운 조건을 갖추어야 한다. 먼저 해당 외국어를 잘 알아야 하는데, 해당 외국어를 전공했거나 그 나라에서 살았던 사람이면 더욱 좋다. 대체로 외국에서 3~4년 정도를 살다왔거나, 어학실력이 그 정도의 수준에 이를 것을 요구한다. 다음으로 영화에 대한 감각이 있어야 한다. 이 일을 하기 위해서는 영화를 최저 100편이상, 보통 300~400편은 보아야 한다고 한다. 한마디로 '영화광'에 이를 정도가 되어야 한다는 것이다. 마지막으로 풍부한 상식을 갖추고 있어야 한다. SF물이나 멜로물, 오락영화, 스포츠영화 등 다양한 종류의 영화를 번역해야 하기 때문에, 다방면에 걸친 풍부한 상식이 선결요건이다.

영화 번역가의 고용은 앞으로도 계속 증가할 것으로 전망된다. 21세기 다매체 다채널 시대가 되면서 영화콘텐츠의 수요가 날이 갈수록 늘어나고 있기 때문이다.

촬영기사 (촬영감독)

촬영기사란 스튜디오 카메라나 영화 카메라 등의 촬영 장비를 사용하여 방송 프로그램이나 영화에 필요한 각종 물체나 대상을 촬영하는 사람이다.

이들은 먼저 대본(시나리오)에 따라 화면의 배열을 결정한다. 그런 다음 화면의 노출, 촬영 대상과 카메라의 움직임, 기타 문제점을 고려하여 대상을 촬영한다. 그리고 촬영이 완료되면 필름을 교환하고 촬영 일시와 장면 등을 기록해둔다.

이 일을 하기 위한 특별한 자격조건은 없으나 문화콘텐츠 직업 중 가장 기술적 숙련도를 요구하는 분야이므로, 방송전문학원의 촬영과목을 이수하거나 영화예술고등학교, 대학 및 대학교의 연극영화과 또는 예술종합학교 영상원 등을 졸업해야 한다. 남녀의 구별이나 학력에도 별다른 제한을 두지는 않지만, 평균 12킬로그램 정도의 무거운 장비를 들어야 하므로 가급적 신체가 건강한 사람이어야 한다. 또한 상상력과 미적 감성이 풍부한 사람이라면 더욱 유리하다. 하지만 무엇보다 중요한 것은 영상을 좋아함과 동시에 끈기가 있어야 한다는 것이다.

촬영기사가 되기 원하는 사람들은 심지어 촬영감독협회에서도 받아서 실습생으로 일하게 해준다. 하지만 3~4개월이 지나면서 인내심이 없는 사람이나 경제적 궁핍함을 견디지 못하는 사람, 나아가 자기와 맞지 않은 분야라고 생각하는 사람은 중도에 포기해버린다고 한다.

한편, 방송사의 경우에는 촬영기사를 신입사원 공채 때에 전문 기술직으로 선발한다. 필기와 면접 시험은 방송사의 다른 분야와 같지만 이들은 기술직이므로 실기시험도 치러야 한다. 그러므로 비디오나 사진촬영에 재능이 있거나 다른 곳에서 실제로 촬영을 해본 경험이 있는 사람들이 주로 뽑힌다.

녹음 및 음향 기사(음향감독)

녹음 및 음향 기사는 방송 프로그램이나 영화 등을 제작하기 위해 녹음장비와 음향장비를 조작하는 사람이다.

이들은 음성혼합기, 마이크, 효과장비, 편집기 등을 이용하여 각종 신호를 입력하거나 가공해서 적절한 소리를 연출해내는 일명 '소리의 마술사' 라고 할 수 있다.

이 일을 하기 위해선 배우의 대사 톤의 변화를 감지해낼 수 있는 예민한 청력이 요구되며, 또 녹음 장비들을 설치하고 조작, 통제할 수 있는 능력도 필요하다. 나아가 촬영과 조명, 편집, 믹싱 등 여러 분야에 대한 지식과 끊임없이 발전하는 기술변화에 대응하여 재빠르게 새로운 기술을 배우고 익히려는 자세가 요구된다.

요즘 지상파 방송과 위성 방송, 케이블 방송, 각종 프로덕션 등 새로운 방송매체와 방송사들이 계속 증가하고 있다. 그러므로 향후에도 녹음 및 음향 기사의 고용은 계속 증가할 것으로 보인다.

녹음 및 음향 기사가 되기 위한 특별한 자격이나 학력 조건은 없다. 이 일은 학원이나 동아리 활동, 대학에서 기술을 배워 취업하는 경우가 많으며, 보조업무로부터 시작하여 기사에 이르는 것이 일반적이다. 물론 방송국에서 일하기 위해서는 치열한 공개채용 시험에 응시하여 합격하여야 한다. 대개 방송기술직으로 채용되고 있으며, 최종시험에 합격하여 방송국에 입사하게 되면 일정 정도의 수습기간을 통해 방송기술과 관련된 제반 업무를 익히게 된다.

조명기사 (조명감독)

조명기사는 TV 프로그램이나 영화에 올려질 작품의 내용과 성격, 제작의도 등을 파악한 후, 조명장비를 이용해서 각 장면에 가장 잘 어울리는 분위기를 만들어내는 사람이다.

　과거 조명의 역할이 단순했던 시절에는 조명기사를 지망하는 사람의 자격요건으로 색이나 빛에 대한 기본적인 감각, 조명기계를 잘 다룰 수 있는 기술적인 능력, 연출가와 호흡을 잘 맞출 수 있는 원만한 인간관계 등을 주로 꼽았다. 하지만 최근 들어선 조명을 제대로 하려면, 그 외 심리학, 음악, 전기, 물리학 등 다방면의 지식을 많이 쌓도록 요구하고 있다. 예컨대 어린이 프로그램을 담당하는 사람은 아이들이 상상의 나래를 펼칠 수 있는 분위기를 만들도록 아동심리학을 공부해야 하고, 음악 프로그램을 맡은 사람은 새로 나온 가요의 분위기에 알맞는 조명을 위해 음악적 지식이 있어야 한다. 또한 조명의 기초이론에 대한 탄탄한 이해와 응용력, 창조적인 아이디어를 산출해내는 능력, 기타 장비를 효율적으로 운영하는 능력 등도 있어야 한다.

　요즘 들어 조명기술 분야에서도 점점 전문화의 바람이 불고 있다. 여태까지는 순환제 방식으로 일정기간 주어진 프로그램을 맡다가 그 일을 마치면 다른 분야로 옮겨가곤 하였다. 하지만 이젠 특정 조명기술인이 특정 장르의 프로그램을 전담하는 새로운 조명 시스템을 만들어가고 있는 추세이다. 또한 야외무대만을 전문적으로 담당하는 용역업체들도 생겨나고 있어서 전문화 경향을 가속화시키고 있다.

　지금까지는 조명기사를 위한 전문적인 교육기관이 없어서, 대개 조명기사의 조수로 들어가 조명기술을 전수받곤 하였다. 방송국에서도 일단 방송 기술직으로 들어간 뒤, 연수과정에서 조명기술부에 배치되어 조명기사에게 기초부터 배우는 경우가 대부분이었다. 하지만 요즘에는 방송아카데미와 같은 곳에서 조명교육을 개설하여 별도로 가르치고 있다.

특수효과 전문가

특수효과 전문가는 SF물이나 액션물, 호러물, 다큐멘터리 등에 사용되는 특수효과를 제작하는 사람이다.

흔히들 영화를 보면서 마치 실제로 일어나는 일인 것처럼 깜짝 놀라곤 하는데, 이는 다름 아닌 영화가 재현한 가상의 현실이 너무도 사실적이기 때문이다. 특수효과 전문가는 이처럼 과장된 분장이나 조명, 음향 등을 사용하여 작품의 효과를 극대화시킨다. 또한 이들은 컴퓨터 3D기법 등을 활용하여 현실적으로 촬영이 불가능한 액션이나 화면을 구성하기도 한다.

최근에는 직접적인 특수효과를 사용하지 않고 컴퓨터그래픽이나 영상 합성으로 더욱 실감나는 영상을 만들어내기 때문에, 특수효과 전문가가 되기 위해선 뛰어난 아이디어와 기술력이 필요하다. 그리고 특별한 학력이나 자격 조건은 없지만, 최소한 고등학교 졸업 정도의 학력은 필요하며, 통신설비나 폭발물제조, 컴퓨터그래픽 등에 관한 자격증을 갖추고 있으면 유리하다.

영화 산업의 미래는 특수효과에 달려 있다고 해도 과언이 아니다. 특수효과의 가능성과 영향력은 앞으로 더욱 커질 것이며, 더 나아가 영화 산업의 새로운 주역으로 발돋움할 것이 다. 실제로 최근 고도화된 영상기술로 말미암아 특수효과 전문가들의 업무량이 계속 증가하고 있다.

분장사

분장사는 영화나 방송, 공연 등에서 작품의 내용과 인물의 성격에 어울리도록 배우들을 분장시키는 사람이다.

이들은 우선 시대적 배경과 작품 분위기에 맞는 분장방법을 결정한다. 그러고는 가발이나 수염, 화장품, 물감 등을 사용해서 배우의 용모와 피부, 체격 등 신체적 특징을 고려하여 분장을 한다.

이 일을 하기 위해선 고등학교 졸업 이상 정도의 학력이 필요하며, 대학이나 전문학원 등에서 메이크업 관련 과정을 이수하면 된다. 미용사 자격증이나 메이크업 자격증, 피부 관리사 자격증, 분장 자격증 등이 있으면 더욱 유리하다.

이 직업의 종사자들은 3년차 연봉을 기준으로 평균적으로 2,200~2,500만원 정도이고, 초임은 1,000~1,200만원 정도라고 한다. 앞으로도 분장사의 고용은 계속 증가할 것으로 전망된다. 하지만 이 일을 배우는 사람들이 증가함에 따라 날이 갈수록 취업할 때 경쟁이 치열할 것으로 예상된다.

특수 분장사

특수 분장사는 영화나 방송, 공연 등에서 배우들에게 특수 분장을 해주는 전문직 종사자이다.

이들은 우선 극의 분위기나 시대적 배경, 등장인물의 특징을 검토하고, 연출자와의 협의를 거쳐 특수 분장을 할 계획을 세운다. 그런 다음

배우의 얼굴이나 신체에 화학물질 등으로 만든 변형물을 부착하기도 하고, 각종 분장재료를 사용하여 특수소품을 만들기도 한다. 난이도가 높은 특수 분장의 경우는 며칠씩 밤을 새워 작업해야할 때도 있다고 한다.

이 일을 하기 위해선 무엇보다 각종 메이크업 제품이나 분장재료에 대한 지식이 필요하며, 이를 잘 적용할 수 있는 기술적 능력이 있어야 한다. 그리고 색과 조명, 화면구성에 대한 이해가 있어야 하며, 공동작업이 많으므로 원만한 대인관계도 필요하다. 또한 포토샵, 일러스트 등을 이용할 수 있는 능력도 필요하다.

최근 국내 영화와 방송, 광고 등에서 특수효과를 이용하는 사례가 늘어가고 있다. 게다가 특수효과가 분야별로 전문화되어 가고 있으므로, 이들의 수요는 날이 갈수록 증가할 것으로 보인다. 다만 관객의 요구에 부응하기 위해서는 다양한 기술 습득과 자신만의 아이디어를 만들어내는 창의력을 키우고, 그에 따른 노력들을 게을리 해서는 안 될 것이다.

특수 분장사가 되기 위해서는 대학의 미용 또는 조소 관련 학과에 진학하거나, 사설학원 등에서 일반 메이크업과 특수 분장을 함께 배우는 것이 일반적이다. 기타 유학을 떠나는 방법과 전문가의 문하생이 되는 방법도 있다.

영화홍보 전문가

영화홍보 전문가란 많은 관객들이 영화를 볼 수 있도록 널리 알리는 일을 하는 사람이다.

이들은 대개 작품을 어떻게 알릴 것인지 기획하고 본격적인 홍보활동에 들어간다. 신문과 잡지, 방송 기자들에게 어떤 메시지를 담은 영화가 제작되고 있는지 알리고, 영화의 줄거리나 주인공을 알려 호기심을 불러 일으키며, 스타들의 연기를 분석해서 많은 관객들이 영화관을 찾도록 이 끈다. 또한 광고나 전단지의 카피를 직접 쓰고, 다양한 이벤트를 마련하는 등 갖가지 홍보방법을 동원하여 최대한 많은 관객들을 유치하고자 한다.

영화홍보 전문가가 되기 위한 특별한 전공이나 자격증은 없다. 하지만 무엇보다 영화를 사랑하고 영화에 대한 전문지식을 갖추고 있어야 한다. 또한 영어실력은 물론이요, 우리말에 대한 감각도 뛰어나야 한다. 더불 어 카피를 쓸 수 있는 능력도 필수적이다.

현재 우리나라에서 활동 중인 영화홍보 전문가는 100여명 정도라고 한다. 1990년대 중반에 이르러 생겨난 신생직업이지만, 영화 산업의 발 달로 인해 수요는 계속 늘어날 전망이다.

78

배움터

4장

영 화

서울 서경대학교 연기전공, 영화전공

서울 성균관대학교 연기예술학전공

서울 세종대학교 영화예술학과

서울 중앙대학교 공연영상미술전공, 영화전공

서울 한양대학교 연극영화전공

경기 경희대학교 연극영화전공

경기 대진대학교 영화

경기 명지대학교 영화전공

경기 성결대학교 연극영화전공

경기 수원대학교 연기, 연출이론

경기 용인대학교 영화영상학과

경기 중앙대학교 영화학과

경기 평택대학교 방송연예학전공

경기 한성디지털대학교 연극영화학과

부산 경성대학교 영화전공

부산 동서대학교 연기과, 영화과

부산 동의대학교 영화학과

부산 영산대학교 연기연출학과, 영화영상학과

인천 인하대학교 연극영화

대전 목원대학교 연기전공, 영화영상전공

대전 배재대학교 연극영화학전공

대구 계명대학교 연극예술과

강원 강원대학교 방송연예

충북 극동대학교 영상제작학

충북 세명대학교 방송연예학과

충북 청주대학교 영화

충남 상명대학교 무대미술전공, 영화전공

충남 순천향대학교 연극영화학전공

충남 중부대학교 미용분장학, 엔터테인먼트학과, 연극영화학

충남 청운대학교 디지털영화제작과, 방송연기학과

충남 호서대학교 영화방송

충남 홍익대학교 영상 · 영화

전북 우석대학교 연극영화학과

전북 전주대학교 연극영화전공

전북 호원대학교 방송연기, 연예기획(매니저)

전남 동신대학교 방송연예학과

전남 명신대학교 연극영화학과

경북 가야대학교 연극영화학과

경북 대구예술대학교 방송연예전공

경북 동양대학교 연극영화과

경북 한동대학교 공연영상학

한국영화아카데미

네오영화아카데미

영상미디어센터

한겨레 교육문화센터

4장

한국직업능력개발원(http://www.careernet.re.kr)

심리검사전문연구기관(http://www.guidance.co.kr)

인크루트(http://www.incruit.com)

중앙고용정보원(http://www.keis.or.kr)

한국방송작가협회(www.ktrwa.or.kr)

한국시나리오작가협회(www.scenario.or.kr)

커리어넷(http://www.careernet.re.kr)

김봉석, 《공상이상 직업의 세계》, 한겨레출판, 2006

이태균, 김현선, 이정은 《될 수 있다! [영화/애니메이션/만화편]》, 청년사, 1999

정창권, 《문화콘텐츠학 강의》(깊이 이해하기), 커뮤니케이션북스, 2007

정창권, 《문화콘텐츠학 강의》(쉽게 개발하기), 커뮤니케이션북스, 2007

5

애
니
메
이
션

애니메이션이란 움직임이 없는 사물에 생명을 불어넣는 것을 말한다. 즉, 움직이지 않는 사물을 한 컷씩 연속적으로 촬영하여 마치 움직이는 것처럼 느껴지도록 만드는 것이다.

애니메이션의 종류는 여러 가지가 있지만, 제작 방법에 따라 크게 세 가지로 나눌 수 있다. 먼저 '그림 애니메이션'은 우리가 어렸을 때 자주 보았던 〈아기공룡 둘리〉처럼 만화의 그림체로 제작한 것이다. 다음으로 '컴퓨터그래픽 애니메이션'은 말 그대로 컴퓨터그래픽으로 제작한 애니메이션인데, 대표적인 작품으로 〈슈렉〉을 들 수 있다. 끝으로 '모델 애니메이션'은 점토나 나무 등으로 인형을 만든 뒤 조금씩 움직여서 제작한 애니메이션으로, 유명한 작품으로 〈치킨런〉을 들 수 있다.

애니메이션은 어느 누구에게나 친근한 장르이다. 게다가 다른 산업과의 연계가 쉬워 부가가치가 매우 높고, 문화적 이질감이 적어 해외수출이 용이한 편이다. 단적으로 미국과 일본은 애니메이션 하나만으로도 막대한 수익을 올리고 있다.

현재 우리나라의 애니메이션 산업은 외국의 하청작업에 안주하며 침체기를 벗어나지 못하고 있다. 그렇다고 해서 애니메이션 제작능력이 떨어지는 것은 결코 아니다. 앞으로 우리의 애니메이션 산업도 창작능력을 제고하고 산업간 연계성만 강화한다면, 대규모 수익사업으로의 전환은 언제든지 가능하리라 본다.

애니메이션 제작과정

단계	프리 프로덕션	메인 프로덕션	포스트 프로덕션
담당자	기획자 감독 시나리오 작가 캐릭터 디자이너 스토리보드 작가	애니메이터 동화맨 배경미술인 선화맨 채색맨 검수인	편집인 특수효과인 음악인 성우
주요 내용	기획 투자자 교섭 제작진 구성 시나리오 작업 캐릭터 디자인 콘티 작성	레이아웃 원화 동화 체킹 배경 선화 채화	스캔 편집 녹음 완성

애니메이션 기획자는 애니메이션의 제작과 관련한 전반적인 과정을 기획하고 조정하는 업무를 담당한 사람이다.

일반적으로 애니메이션 기획자는 시장조사를 통해 적절한 아이템을 찾고 기획안을 작성하며, 관련자들과의 회의를 통해 제작 기간과 비용, 인력구성 등을 비롯해서 구체적인 제작과정을 계획하곤 한다.

이 일을 하기 위해서는 기획 및 시나리오 개발과정, 캐릭터 디자인, 콘티 작성, 디지털화 과정 등 애니메이션을 제작하는 데 필요한 모든 과정에 대해 전문적인 지식을 갖고 있어야 한다. 또한 애니메이션 시장 수요에 대한 적절한 판단력이 있어야 하므로 마케팅 능력도 필요하다. 나아가 기획과 제작의 모든 과정을 관리하고 조율할 수 있는 리더십도 갖추고 있어야 한다.

우리나라 애니메이션 제작은 대부분 외국의 하청작업을 맡고 있으며, 독립 제작은 그다지 많지 않다. 애니메이션 제작기술은 세계 최고의 수준이지만, 기획에서 개발, 제작, 마케팅까지 모든 과정을 소화하기에는 역부족인 것이다. 그래서 대부분 외국에서 시나리오와 콘티, 캐릭터까지 정해주면, 우리나라에서는 그 이후의 원화, 동화, 채색, 촬영 등 주로 노동 집약적인 작업만을 하고 있는 실정이다.

과거에는 창작 애니메이션의 제작 자체가 많지 않았기 때문에 기획자에 대한 수요가 많지 않았고, 또 감독이 기획자의 역할까지 겸하는 경우가 많았다. 하지만 요즘은 창작 애니메이션의 제작이 조금씩 활성화되면서 애니메이션 제작의 전반적인 과정을 담당하는 기획자의 필요성이 갈수록 증가하고 있다. 또한 애니메이션 산업에 진출하고자 하는 사람들 중 상당수가 기획 업무를 선호하고 있고, 대학의 애니메이션 학과나 전문학원에서도 기획 인력들을 배출하고 있어서 앞으로는 취업 경쟁이 더욱 치열해질 전망이다.

애니메이션 기획자가 되기 위해서는 대학이나 대학교에서 미술학과나 애니메이션 학과, 기타 영상학과 등을 전공하는 것이 유리하다. 대개 애니메이션 관련 학과에서는 기획 일반과 기획서 작성법, 프리젠테이션 실습, 제작과정의 이해, 산업 현황과 정책 및 법률, 마케팅 실무 등 애니메이션 기획자로서 갖추어야할 필수적인 내용들을 가르치고 있다.

애니메이션 감독

애니메이션 감독은 애니메이션의 기획에서 제작, 편집까지의 전반적인 작업을 총괄하고 그 종사자들을 감독하는 사람이다.

이들은 우선 기획자 및 시나리오 작가와 협의하여 제작 과정과 기법 등을 결정한다. 그리고 시나리오 및 콘티 등을 검토하고, 캐릭터와 스토리, 소품 등을 관련 담당자와 협의하여 결정한다. 나아가 원화, 동화, 배경 등에 대해 애니메이션 연출가와 협의하고, 촬영과 편집, 녹음 등 일련의 제작 과정을 총괄한다.

이 일을 하기 위해선 실무에 익숙하고 노련해야 하며, 무엇보다 자신만의 세계를 구축하고 있어야 한다. 왜냐하면 애니메이션은 단지 의뢰받은 시나리오대로 생명력 없이 만드는 것이 아니기 때문이다. 대개 애니메이션은 만화를 원작으로 해서 만들어지는 경우가 많은데, 이러한 경우에도 감독의 역할은 매우 중요하다. 그와 같은 전환 과정에서도 감독의 개성이나 세계관이 여지없이 작품에 녹아들기 때문이다. 또한 감독은 여러 동료들의 작업을 조율할 수 있어야 하므로 리더십도 갖추고 있어야 한다.

애니메이션 감독이 되는 방법은 여러 가지가 있지만, 주로 원화를 그리던 사람들이 감독으로 데뷔하는 경우가 많다.

애니메이션 시나리오 작가

애니메이션 시나리오 작가는 전체적인 스토리와 플롯을 작성하고, 그에 따라 콘티 작업과 새로운 캐릭터를 창조하는 작업을 담당한다.

이들은 우선 스토리의 전반적인 구도, 즉 시놉시스를 작성한다. 다음으로 그러한 시놉시스에 살을 붙여가며 스토리를 엮어간다. 그리고 애니메이션의 각 장면별로 콘티 작업을 수행한다. 끝으로 소비자의 취향을 고려하여 새로운 캐릭터를 창조한다.

애니메이션이나 방송, 영화, 게임 등의 시나리오 작가들은 근본적으로 '이야기'를 만드는 작업을 하는 사람들이다. 하지만 다른 분야와 비교해서 애니메이션은 인간의 상상력을 표현하기에 훨씬 유리하다. 단적인 예로 요즘 할리우드 영화에선 컴퓨터그래픽 기술을 이용하여 핵폭발이 일어나거나 수천 명의 군사들이 서로 뒤엉켜 싸우는 장면을 표현할 수 있게 되었지만, 애니메이션에선 훨씬 이전부터 그런 것들이 가능했다. 애니메이션의 매력은 이처럼 인간의 무한한 상상력을 표현할 수 있다는 점이다.

애니메이션 시나리오 작가가 되기 위해선 사물에 대한 폭넓은 이해와 작은 소재라도 그냥 지나치지 않는 꼼꼼함이 필요하다. 또한 애니메이션 시나리오는 나중에 영상으로 재구성될 것을 전제로 한 것이므로, 작가는 무엇보다 가상의 영상적 공간을 글로 표현할 수 있는 이른바 '언어의 마술사' 가 되어야 한다.

애니메이션 캐릭터 디자이너

원래 캐릭터 디자이너는 애니메이션 캐릭터를 비롯해서 게임 속에 등장하는 캐릭터, 우리가 흔히 사용하는 팬시용품에 들어가는 캐릭터, 사이버 공간의 각종 아바타 등 다양한 문화콘텐츠의 캐릭터를 창조해내는 사람이다. 따라서 이들은 애니메이션 제작사를 비롯해서 게임개발사, 캐릭터디자인회사, 팬시나 문구회사, 완구회사, 온라인업체 등 다양한 분야에서 활동하고 있다. 그중 애니메이션 캐릭터 디자이너는 애니메이션의 스토리에 어울리는 캐릭터를 창조해내는 일을 하는 사람이다.

이 일을 하기 위해선 기본적인 캐릭터 개발 능력 외에 애니메이션에 관한 지식도 갖고 있어야 한다. 애니메이션에 관한 지식을 바탕으로 개성적인 캐릭터를 창조해내는 것이 이들의 주요한 업무이기 때문이다. 또한 애니메이션 캐릭터를 개발하기 위해선 소비자의 동향이나 여타 캐릭터 시장의 흐름도 파악하고 있어야 한다.

캐릭터는 무엇보다 살아있어야 한다. 인간들처럼 희로애락이 표현되어야 하고, 얼굴과 몸짓 등도 잘 표현되어 있어야 한다. 또 작품 내용에 따라 사회적인 사고나 관습, 외모, 의상 등도 잘 고려되어 있어야 한다.

좋은 캐릭터는 억대의 스타들처럼 좋은 연기를 보여줘야 하고 상업적으로도 유효해야 하며, 대중들의 생활과 기억 속에 함께 할 수 있어야 한다.

최근 캐릭터 산업이 고부가가치를 창출하는 산업으로 인식되면서 캐릭터에 대한 수요가 급증하고 있다. 특히 IMF 이후 로열티를 지불해야 하는 외국산 캐릭터보다 국내산 캐릭터에 대한 관심이 높아지고 있다. 이에 따라 애니메이션의 성공은 부가적인 캐릭터 상품에 의한 수익을 창출할 수도 있게 되었다.

애니메이션 스토리보드 작가

스토리보드 작업이란 콘티 또는 연출 작업이라고도 하며, 완성된 시나리오를 시각적으로 전환하는 작업이다.

스토리보드는 비록 움직임이 없는 그림이지만 카메라의 앵글이나 등장인물의 액션, 작품의 배경 등을 면밀하게 연출해야 한다. 왜냐하면 이후 원화작업을 하는데 있어 기본이 되는 연출단계이기 때문이다. 그러므로 스토리보드 작가가 되려면 무엇보다 드로잉 솜씨가 뛰어나야 한다. 그렇다고 절대적인 조건은 아니고, 다만 보기 좋고 깔끔한 그림체만 가지고 있으면 충분하다.

스토리보드 작업은 예전엔 별로 중요하게 여기지 않았으나, 요즘 날이 갈수록 그 중요성이 대두되고 있다. 스토리보드 작가도 최근에 생긴 전문직업으로서, 아직까지 정형화된 직업으로 인정받지 못하는 경향이 있다. 하지만 애니메이션 산업은 엄청난 발전가능성을 갖고 있기 때문에, 향후 그들의 수요도 크게 상승될 전망이다.

스토리보드 작가가 되기 위해서는 먼저 애니메이션에 대한 감각부터 익혀야 한다. 누구보다 애니메이션을 좋아해야 하며, 상상력이 뛰어나고 표현하는 것을 좋아해야 한다. 현재 스토리보드 작가를 양성하기 위한 몇몇 대학들이 있지만, 아직까지는 개론적인 수준의 강의라고 한다. 또한 최근에는 일부 문화센터나 애니메이션 학원을 중심으로 스토리보드 작가 양성과정을 개설하고 있다.

애니메이터(원화맨)

애니메이터는 고정된 캐릭터에 생명을 불어넣는 작업, 즉 만화영화의 연결된 동작들을 그리는 사람이다. 이들은 캐릭터의 특징을 잘 잡아서 전체적인 분위기를 만들고 동화 작업의 기초가 되는 몇 장의 그림을 그리는데, 이러한 작업을 하는 사람을 흔히 '원화맨'이라고 한다.

이들은 우선 애니메이션의 기본 레이아웃을 설정하는 작업부터 시작한다. 그리고 레이아웃이 완성되면 움직이는 동작들을 한 컷씩 그리게 되는데, 여기에서는 특별한 섬세함이 요구된다. 그것들이 바로 고정된 그림에서 움직이는 그림으로 보이도록 하는 중요한 작업이기 때문이다. 대개 인물의 동작을 부드럽게 보이도록 하기 위해서는 1초에 3~12장의 그림이 필요하다. 이렇게 해서 움직이는 동작의 그림까지 완성되면 다시 배경을 그리는 작업을 하게 되며, 마지막으로 그 위에 채색을 하게 된다.

이 일을 하기 위해서는 기본적으로 애니메이션에 대한 깊은 관심과 애정이 있어야 한다. 물론 그림에 대한 재능도 있어야 한다. 또한 오랜 수련기간을 거쳐야 하므로 인내심과 끈기도 필요하며, 살아 있는 생명체의 동작과 사물에 대한 관찰력, 정확한 묘사력, 풍부한 상상력 등도 뒷받침되어야 한다.

애니메이션 산업의 중요성은 정부와 기업, 학계 등 각계에서 모두 공감하고 있다. 정부는 애니메이션 지원센터의 건립을 비롯해서 애니메이션 산업의 활성화를 위해 다각적으로 노력하고 있으며, 기업들도 애니메이션 산업에 높은 관심을 보이고 있다. 대학에서도 애니메이션 관련 학과를 꾸준히 개설하고 있으므로, 향후 애니메이션의 전망은 밝다고 하겠다.

애니메이터가 되기 위한 특별한 학력이나 자격 조건은 없지만, 데생과 구성 등 미술의 기본기를 갖추고 있어야 하므로 미술 관련 전공자가 좀 더 유리한 편이다. 만화 관련 학과가 있는 대학이나 전문학원에서도 교육을 받을 수 있다. 전문학원의 경우 애니메이터과, 컴퓨터 애니메이션과, 만화창작과 등으로 전공이 나뉘어져 있는데, 대개 6개월~1년 정도의 교육기간을 거치게 된다. 요즘은 셀 애니메이션에서도 컴퓨터그래픽을 이용한 특수효과가 들어가는 경우가 많고, 아예 컴퓨터그래픽만으로 만드는 3D 애니메이션도 늘어나고 있다. 따라서 애니메이터가 되고자한다면 컴퓨터그래픽을 배워두는 것도 좋은 방법이다.

애니메이션 동화맨

동화맨은 원화맨이 그린 기본 그림들 사이에 표정이나 동작의 변화를 주기 위해 사이그림을 그리는 사람이다.

동화의 생명은 자연스러운 흐름이다. 원화에 이어 사이그림으로 그린 동화가 자연스럽지 못한다면, 그 애니메이션은 실패한 것이 되기 때문이다.

원래 동화는 원화와 동일한 파트였으나 대량 작업의 필요성에 의해 분업화되었다. 이미 원화에서 캐릭터의 연출이나 특징 등이 설정된 상태이므로, 동화에서는 그에 맞추어 완성된 데생만 해주면 된다.

동화는 지극히 단순한 일이다. 동화맨은 애니메이션의 연출에 대한 여러 가지 패턴을 알아야 하겠지만 창작과는 거리가 있고, 주로 드로잉 실력만 있으면 된다. 하지만 동화맨은 다음 단계인 원화맨으로 가기 위해 반드시 거쳐야할 하나의 관문이다.

애니메이션 배경미술인

배경미술인은 관객의 시선을 사로잡는 훌륭한 배경묘사를 하는 사람이다.

애니메이션의 다른 작화 파트가 그렇듯이 배경미술에서도 그림에 대한 지식이나 재능이 중요하다. 특히 배경묘사를 할 때는 작품 전체의 구조에 대한 이해가 필요하며, 연출자가 원하는 콘셉트를 잘 반영할 수 있는 그림 실력이 필요하다.

요즘 애니메이션의 질이 점점 상승하면서 뛰어난 주인공의 형상이나 동작 뿐 아니라, 실사영화에서도 좀처럼 만나기 힘든 아름다운 풍경들이 자주 등장하고 있다. 특히 일본에서는 전통적인 회화 전공자들이 애니메이션의 배경미술인으로 대거 진출하면서 예술적으로도 큰 발전을 이루었다.

애니메이션 선화맨

선화맨은 완성된 동화에 외곽선과 컬러 선을 그리는 사람이다.

애니메이션 채색인

채색인은 본래 지정한 색채를 입히고 때로는 효과를 넣기도 하면서, 애니메이션의 분위기에 맞게 세밀한 채색작업을 하는 사람이다.

일반적으로 선화 과정이 끝나면 색을 입히는 채색 작업을 한다. 이때 채색 방법으로는 붓을 사용하는 수작업과 컴퓨터를 이용하는 작업이 있는데, 익숙해지기만 하면 컴퓨터를 이용한 채색작업이 훨씬 더 능률이 높다.

애니메이션 검수인

검수인은 그 동안 작업한 것들을 하나하나 살펴보며 잘못된 것들을 검사하는 사람이다.

애니메이션 작업은 여러 사람들이 많은 수량의 그림을 그려내는 작업이므로, 그 만큼 실수나 오류가 많이 나올 수 있다. 그러므로 그림의 내용이나 위치 확인, 셀과 배경에서 잘못된 부분 검토, 색상이나 동화의 연결 확인 등을 해주어야 한다. 검수는 애니메이션의 품질을 높이기 위해 해야 하는 필수적이자, 아주 중요한 작업이다.

애니메이션 촬영인

촬영인은 완성된 배경과 셀을 조합하여 감독의 지시에 따라 카메라로 촬영하는 사람이다.

과거 촬영인은 감독이 의도하는 각종 효과를 내기 위해 많은 노력을 하기도 했지만, 요즘에는 컴퓨터의 등장으로 인해 대부분 다른 일로 전업을 한 상태이다.

애니메이션 편집인

편집인은 콘티의 순서대로 현상된 필름을 이어붙이는 사람이다

과거 애니메이션의 편집은 콘티에 컷의 순서와 타임이 정확히 표기되어 있어서, 편집인이 그것에 따라 이어 붙이곤 하였다. 하지만 오늘날에는 컴퓨터의 발달로 인해 이 작업도 역시 명맥만 유지되고 있을 뿐이다.

애니메이션 특수효과인

특수효과인은 이미 페인팅된 대상 위에 에어브러쉬나 터치 등을 이용하여 작품을 보다 리얼하게 보이도록 만드는 사람이다.

현재는 이 일도 주로 사람이 아닌 컴퓨터가 하고 있다.

애니메이션 음악인

애니메이션 음악인은 연출의 의도와 작품의 분위기를 파악한 후 주제곡과 배경음악을 만들어 삽입하는 사람이다.

대개 애니메이션 음악제작은 작곡가와 효과인에 의해 이루어진다. 먼저 작곡가는 작품을 파악하고 그에 맞는 작곡과 삽입할 곳을 지정해준다. 그에 따라 효과인은 사운드를 편집하고 조절하여 필요한 부분에 삽입한다.

한국에서는 애니메이션 음악이라는 개념이 아직 확고하게 잡히지 않아서, 그냥 일반 음악가들에게 맡기는 경우가 대부분이다. 하지만 일본이나 미국에서는 애니메이션 음악을 매우 중요하게 여겨서 그에 관한 전문가들이 대단히 많다. 그 결과 좋은 애니메이션 배경음악(OST)을 많이 만들어내고 있다.

애니메이션 성우

애니메이션 성우는 애니메이션에 들어갈 목소리를 더빙하는 것으로, 캐릭터에 제2의 생명을 불어넣어주는 사람이다.

애니메이션 성우도 일반 배우들처럼 공개오디션을 통해 뽑고 있으며, 선천적으로 타고난 좋은 목소리가 중요하다. 물론 목소리만 좋다고 해서 성우가 되는 것은 아니다. 움직이는 애니메이션에 생동감 있는 목소리를 삽입해야 하므로 기본적인 연기력도 바탕이 되어야 한다.

근래 영상매체가 발달하면서 성우들의 활동 영역도 계속 넓어지고 있다. 애니메이션 뿐만 아니라 영화, 라디오, TV 등 거의 모든 분야에서 성우들의 활동이 두드러지고 있다. 그들의 호소력 있는 목소리가 이미지 형성 효과를 높일 수 있기 때문이다.

5장

애 니 메 이 션

충청 공주영상대학 애니메이션

충청 순천향대학교 영화애니메이션전공

경상 경북과학대학 캐릭터애니메이션

경상 대구미래대학 애니메이션과

경상 선린대학 애니메이션 · 캐릭터디자인 전공

경상 성덕대학 만화애니메이션&디자인과

서울 경기대학교 애니메이션전공

서울 상명대학교 애니메이션전공

서울 세종대학교 만화애니메이션학과

서울 세종사이버대학교 3D애니메이션전공, 만화애니메이션전공

서울 한성대학교 애니메이션전공

경기 신경대학교 애니메이션학과

경기 한성디지털대학교 애니메이션학과

부산 경성대학교 디지털애니메이션전공

부산 동서대학교 애니메이션전공

부산 신라대학교 만화 · 애니메이션디자인전공

대전 목원대학교 만화 · 애니메이션전공

대구 계명대학교 애니메이션과

광주 광주대학교 만화애니메이션학과

광주 조선대학교 만화 · 애니메이션학부

충북 극동대학교 만화애니메이션학과

충북 청주대학교 만화애니메이션

충남 공주대학교 애니메이션전공, 카툰코믹스전공

충남 남서울대학교 애니메이션학과

충남 상명대학교 만화콘텐츠전공, 애니메이션전공

충남 순천향대학교 애니메이션전공

충남 중부대학교 만화애니메이션학과

충남 호서대학교 애니메이션학과

충남 홍익대학교 애니메이션

전북 예원예술대학교 만화애니메이션전공

전남 대불대학교 만화애니메이션학과

경북 경운대학교 애니메이션전공

경북 대구예술대학교 애니메이션전공

경기 한국 애니메이션 고등학교

울산 울산 애니메이션 고등학교

경남 경남 애니메이션 고등학교

충남 충남 애니메이션 고등학교

서울애니메이션센터

한국애니메이션제작자협회

한국애니메이션예술인협회

한국만화가협회

한겨레교육문화센터

애 니 메 이 션

5장

서울애니메이션센터(http://ani.seoul.kr)

한국만화애니메이션학회(www.koscas.or.kr)

한국애니메이션예술인협회(www.kaaa.or.kr)

한국애니메이션제작자협회(www.koreaanimation.or.kr)

한국만화가협회(www.cartoon.or.kr)

한국독립애니메이션협회(http://www.kiafa.org)

한국애니메이션제작자협회(http://www.koreaanimation.or.kr)

전국애니메이션노동조합(http://katu.co.kr)

한국스토리보드협회(http://www.storyboard.or.kr)

한겨레 교육문화센터(http://www.hanter21.co.kr)

사이버문화콘텐츠아카데미(http://contents.connect.or.kr)

커리어넷(http://www.careernet.re.kr)

워크넷(http://www.work.go.kr)

인크루트(http://www.incruit.com)

한국직업능력개발원(http://www.careernet.re.kr)

이태균, 김현선, 이정은 《될 수 있다! [영화/애니메이션/만화편]》, 청년사, 1999

정창권, 《문화콘텐츠학 강의》(깊이 이해하기), 커뮤니케이션북스, 2007

정창권, 《문화콘텐츠학 강의》(쉽게 개발하기), 커뮤니케이션북스, 2007

김봉석, 《공상이상 직업의 세계》, 한겨레출판, 2006

이상복, 《디지털애니메이션》, 초록배매직스, 2001

101

6

게임

이제 게임은 어린이와 청소년들만이 아니라 어른들까지 즐기는 대중매체가 되었다. 흥미를 끌만한 캐릭터와 빠른 장면전환, 적절한 효과음 등으로 지루하지 않고 재미있게 즐길 수 있게 하기 때문이다. 게다가 날이 갈수록 게임은 간단하지 않고 전략을 세워야 하거나 레벨이 다양해지는 등 많은 사고와 노력을 요구하고 있다.

오늘날 게임은 매우 중요한 산업으로 자리잡아가고 있다. 한국의 게임 산업은 시장규모가 수조원대에 이르고 매년 수출이 급성장하는 등, 21세기 문화콘텐츠 전략산업으로 자리잡아가고 있다. 특히 게임은 초기엔 높은 투자비용으로 수익이 적지만, 일단 손익분기점을 넘기면 고정비 부담의 급감으로 높은 이익을 기대할 수 있다. 한마디로 게임은 고부가가치 산업이자, 잘만 개발하면 크게 성공할 수 있는 벤처형 산업이다. 그래서인지 요즘 학계에서도 게임에 대해 관심을 갖고 본격적으로 연구하고 있으며, 학생들도 이 분야로 많이 진출하려 하고 있다.

게임 제작과정

단계	기획	제작	테스트	출시
담당자	기획자 시나리오 작가	그래픽 디자 이너, 프로그 래머, 사운드 디자이너	개발자 유저	마케터 QA 마스터
주요 내용	기획 시나리오 작업 게임 디자인	그래픽 프로그래밍 사운드	클로즈 베타 오픈 베타	홍보와 마케팅 관리

게임 기획자는 컴퓨터 게임, 비디오 게임, 아케이드 게임 등 게임용 소프트웨어 제작과 관련된 모든 사항들을 총괄적으로 지휘하고 감독하는 사람이다.

이들은 우선 게임계의 시장조사를 통해 소비자들이 좋아하고 원하는 게임이 무엇인지를 파악하고, 새로운 게임의 제작을 위한 아이디어를 구상하여 이에 대한 기획안을 작성한다. 그런 다음 게임의 장르와 대상층, 난이도, 각종 캐릭터의 역할과 특징, 기본적인 스토리전개 등을 설정하고, 그래픽 디자이너나 프로그래머와 함께 본격적으로 게임을 제작한다. 또한 제작이 완료되면, 게임의 홍보와 마케팅, 배급 등에 대한 계획을 수립하고 실행한다.

이 일을 하기 위해서는 게임을 즐기는 사람들이 무엇을 원하는지 파악해낼 수 있는 통찰력과, 새로운 게임의 소재를 발굴해낼 수 있는 창의력을 갖고 있어야 한다. 또한 게임 산업의 전반에 대한 이해뿐만 아니라 홍보와 마케팅에 대한 기본적 지식을 가지고 있어야 하며, 영화나 만화, 소설 등 다양한 문화콘텐츠 장르에 대한 지식도 갖고 있어야 한다. 기타 게임의 개발은 보통 팀 단위로 이루어지므로 다른 팀원들과 원활한 관계를 유지할 수 있는 대인관계와 의사소통 능력이 요구된다.

이 일은 이직률이 높은 편이기 때문에 회사에서도 사람을 붙잡아 두려고 거의 대부분 정규직으로 고용하고 있다. 연봉은 능력에 따라 천차만별이지만, 신입사원의 경우 1800~2000만원 정도를 받는다고 한다. 출퇴근 시간이나 복장 등은 자유로운 편이나, 작업의 특성상 야근이 많은 편이다.

최근에는 기획 분야도 전문화가 되어서 시나리오를 쓰고 기본적인 설정을 잡는 사람, 내부적인 공식과 변수들을 설계하는 사람, 게임 내에서 사용되는 지도를 만드는 사람 등 그 분야가 점점 세분화되고 있는 추세이다. 앞으로는 게임 시나리오 기획자, 게임 아이템 기획자 등으로 나누어질 가능성이 높으니, 관련 지식들을 더욱 세분화해서 쌓을 필요가 있다.

게임 기획자가 되기 위해선 처음부터 기획자로 나서기는 어렵고, 프로그래머나 그래픽 디자이너 등 게임 제작의 한 분야를 거쳐서 총괄 PD에 해당하는 기획자로 나서는 게 일반적이다.

게임 시나리오작가

게임 시나리오작가는 게임의 주제 및 방법을 설정하고, 전체적인 스토리를 창작하는 사람이다.

이들은 게임을 제작하기 위해 필요한 시나리오를 작성하며, 전체적인 게임 소프트웨어를 구상하고 설계하는 업무를 담당한다.

이 일을 하기 위해선 기본적으로 글을 쓸 수 있는 능력과 게임에 대한 지식, 신화나 SF 등의 인문학과 공상과학에 대한 지식 등 다방면에 걸쳐 흥미를 갖고 있어야 한다. 특히 어릴 때부터 각종 게임을 즐겨하면서 게임콘텐츠 개발에 나름대로 관심이 있었던 사람이라면 더욱 좋다. 또한 게임 시나리오작가가 되려면 사용자의 욕구와 게임의 흥미요소를 읽어낼 수 있는 감수성도 필요하다.

일반적으로 게임 소프트웨어를 개발하려면 기획과 시나리오, 프로그래밍, 그래픽, 음악 등 크게 네 개 분야의 전문인력이 필요하다. 한데 이 중 프로그래밍과 그래픽, 음악은 국내에 전문인력이 어느 정도 확보되어 있지만, 게임개발의 가장 중요한 분야인 기획과 시나리오의 경우는 전문 인력이 매우 부족한 실정이다. 현재 국내에서 게임 시나리오작가로 활동하고 있는 사람은 겨우 스무 명 안팎에 불과하다고 한다. 하지만 전 세계 게임시장이 매년 30% 이상씩 고속 성장을 거듭하고 있다는 점을 감안한다면, 앞으로 게임 시나리오작가의 수요는 가히 폭발적이라 할 수 있다.

게임 시나리오작가는 대부분 중소개발사의 직원으로 채용되어 일하고 있으나, 일부는 프리랜서로도 활약하고 있다. 대개 이들은 게임 시나리오작가나 기획 담당으로 입사하여 1~3년 이상의 숙련기간을 거치곤 한다. 게임콘텐츠에 대해 어느 정도 이해하고 있어야만, 시나리오작업이 가능하기 때문이다.

게임 프로그래머

게임 프로그래머는 각종 게임의 운용을 위한 프로그램을 개발하고 제작하는 사람이다.

이들은 기획자와 그래픽 디자이너, 음악 제작자로부터 넘겨받은 자료를 바탕으로 게임의 구조를 설계한 뒤 오류 없이 프로그램을 제작해야 한다. 대개 게임에 사용될 라이브러리를 구축하고 게임의 프로그램을 제작하며, 또 캐릭터와 에디터, 이미지, 음성, 사운드, 동화상, 애니메이션 등 복합적인 응용기술을 제작한다.

이 일을 하기 위해서는 무엇보다 논리력과 분석력이 있어야 한다. 또한 최신 기술을 따라가고 자신의 능력을 끌어올리기 위해 끊임없이 노력해야 한다. 그밖에 게임 개발에는 여러 분야의 사람들이 함께 일하기 때문에 타인과의 커뮤니케이션 능력도 중요하다.

이 일은 대졸 이상의 전산관련 전공자가 유리하긴 하지만, 프로그래밍 작업 실력이 뛰어날 경우 전공에 특별한 제한을 두지 않는다. Visual Tool, C언어 능숙자, 컴퓨터그래픽 애니메이션 개발자가 특히 유리하며, Window나 포토샵, 프리미어, 프로그래밍 언어, 자료구조 등에 대한 지식도 요구된다. 게임 스쿨이나 게임 아카데미를 수료해도 가능하고, 무엇보다 게임을 좋아하며 프로그래밍 언어를 잘 다루어야 한다.

앞으로도 게임 프로그래머의 고용은 계속 증가할 것으로 보인다. 정부에서 문화콘텐츠 산업과 관련하여 게임 산업을 집중적으로 육성하겠다고 발표했기 때문이다.

게임 프로그래머의 경우 IT 분야나 CT 분야에 곧바로 취직이 가능하며, 경력 및 실력 여하에 따라 P2P나 클라이언트 분야의 업무를 담당하게 된다. 또 숙련된 프로그래머의 경우 웹 프로그래머나 소프트웨어 개발자, 모바일 게임프로그래머 등으로의 이직도 용이하다.

이 분야에 대한 국가공인 자격증으로는 한국산업인력관리공단에서 시행하는 게임 프로그래밍전문가 자격증이 있으며, 프로그래밍 설계와 코딩, 실행 등에 대한 전반적인 이해를 갖추고 있어야 한다.

게임 그래픽디자이너

게임 그래픽디자이너는 완성된 시나리오를 토대로 기획팀과 함께 주인공 캐릭터를 설정하고, 여타 캐릭터의 모습과 움직임, 아이템, 배경화면 등을 만들어낸다.

이들은 게임의 각 단계에 필요한 배경이나 캐릭터, 아이템, 오브젝트 등의 그래픽 작업과 드로잉, 원화 작업, 동영상 제작 등을 담당한다.

이 일을 하기 위해선 우선 공간과 사물을 잘 표현할 수 있어야 한다. 그래서 이 분야의 선진국인 미국에서는 게임그래픽 관련 교육기관에서 해부학까지 가르친다고 한다. 다음으로 독창적인 게임그래픽을 만들어내기 위해서는 창의력이 필요하다. 때문에 평소 책이나 영화, 연극 등 다른 매체들을 두루 접하면서 창의력을 키워야 한다. 또한 게임 그래픽디자인은 팀별로 진행되므로, 자신이 맡은 부분을 충실히 소화해내는 것은 기본이요, 함께 작업하는 사람들과 서로 협조하고 소통하는 능력이 중요하다. 기타 이 일은 철야 작업이 잦은 분야이므로 건강한 체력이 뒷받침되어야 한다.

109

현재 국내에서 활동하고 있는 게임 디자이너는 주로 컴퓨터그래픽을 공부하다가 디자이너로 변신한 경우가 많고, 전문적인 디자이너 출신은 그리 많지 않다. 보수는 비교적 많은 편이지만, 다른 전문직과 마찬가지로 경력과 능력에 따라 대우가 달라진다.

보통 이들은 그래픽디자인 보조로 입사하여 3년 이상의 숙련 기간을 거친 후 전문적인 그래픽디자이너가 되곤 한다. 숙련 기간에는 주로 게임에 대한 이해와 그래픽디자인에 대한 기술을 전반적으로 습득한다. 게임 그래픽디자이너는 컴퓨터 기술과 그래픽 기술을 동시에 갖춘 전문직이기 때문에, 훗날 캐릭터 및 애니메이션 그래픽디자이너로의 이직도 가능하다.

게임 그래픽디자이너가 되기 위해서는 고등학교 및 대학의 게임관련 정규 교육과정을 이수하거나 게임인력을 전문적으로 양성하는 게임아카데미 등에서 공부하면 된다. 이 분야와 관련한 정규 교육과정이 그리 많지 않기 때문에, 게임 그래픽디자이너들은 대부분 사설학원을 통해 필요한 지식들을 배운다.

이 분야의 국가공인 자격증으로는 한국산업인력관리공단에서 주관하는 게임 그래픽전문가 자격증이 있는데, 게임 그래픽디자인에 대한 전반적인 지식의 숙지여부, 게임 디자인, 게임 그래픽디자인, 배경맵 등에 관한 실무를 수행할 수 있는 능력의 유무를 테스트한다.

게임 그래픽디자인은 다시 크게 네 가지의 역할로 구분된다.

◆원화 디자이너

원화 디자이너는 게임의 컨셉을 제시하는 사람이다. 즉, 게임의 밑그림을 그리는 역할이라고 할 수 있다. 이들은 주로 게임을 구성할 배경과 캐릭터, 인터페이스 등을 구상하고 디자인한다. 그러므로 기본적으로 뛰어난 그림 솜씨와 풍부한 아이디어, 창의력 등을 필요로 한다.

◆모델러

모델러는 원화 디자이너가 그려낸 밑그림을 토대로 보다 구체적인 캐릭터와 배경의 모습을 웹 상의 입체영상 안에 창조해낸다. 즉, 가상의 공간에서 구체적인 물체를 빚어내는 역할을 하는 것이다. 이 때 모델러의 작업은 2D에 기반한 게임이냐, 3D에 기반한 게임이냐에 따라 달라진다. 예컨대 2D의 경우에는 '도트 그래픽'을 주로 사용하는데, 요즘엔 이와 같은 2D 게임은 점점 사라져가는 추세이다. 그리고 3D 게임의 경우엔 '맥스'나 '마야' 같은 프로그램을 사용한다.

◆ 맵퍼

맵퍼는 모델러가 만들어 놓은 캐릭터나 배경에 현실감을 부여해주는 사람이다. 그들은 입체감과 형태감이 생생하게 살아나도록 각종의 명령어를 대상 하나하나에 입히는 일을 한다.

◆ 애니메이터

앞의 모델러와 맵퍼의 손을 거쳐 게임의 캐릭터나 배경이 구체적인 모습을 갖추었으면, 이제는 그것들이 게임 속의 상황과 환경에 맞추어 적절하게 움직이도록 해야 한다. 상하좌우의 움직임은 물론 현실에서와 같이 부드럽고 자연스러운 동작을 실현하도록 해야 하는데, 이때 비로소 애니메이터의 섬세한 손길이 필요하다. 게임 애니메이터는 위의 모델러와 맵퍼의 작업을 이해하고 있어야 함은 물론, 사람이나 사물 등의 움직임에 대한 세밀한 관찰력과 연출력을 갖고 있어야 한다.

게임 사운드디자이너

게임 사운드디자이너는 게임 그래픽의 마지막 완성단계에 해당하는 사운드 및 배경음악을 넣는 사람이다.

대개 이들은 게임에 필요한 음악을 작곡하거나 음악 편집용 소프트웨어를 이용하여 소리를 녹음하고 디지털화해서 화면에 맞게 편집한다.

게임 사운드디자이너는 휴대폰 벨소리 작곡가의 경우와 비슷하다. 이들은 항상 새로운 것을 추구하여야 하므로 무엇보다 창의성과 혁신성이 필요하다. 다음으로 음악성이 필요하긴 하지만 철저히 대중적인 입장, 곧 게이머의 입장에서 사운드를 평가할 줄 알아야 한다. 또한 거의 하루 종일을 사운드 기기와 함께 일해야 하므로 기계에 친숙한 사람이면 유리하다.

요즘 일본의 경우는 영화 OST처럼 게임 OST와 그에 관한 정규공연이 굉장한 인기를 얻고 있다고 한다. 향후 우리나라에서도 게임 음악은 다양한 스타일과 결합하면서 게임뿐만 아니라 새로운 음악 장르로도 자리매김할 것이다.

게임 사운드디자이너는 보통 사운드담당 보조원으로 입사하여 2~3년 정도의 숙련 기간을 거친 뒤에 사운드디자이너 및 사운드시스템담당자가 된다.

이 분야는 아직까지 국가공인 자격증은 없으나, 마이크로소프트사에서 주관하는 마이크로소프트 공인 기술전문가 자격증을 갖추면 유리하다. 또한 한국게임개발자협회에서 기획과 그래픽, 사운드 등에 관한 전문정보 및 취업처에 대한 정보를 제공하고 있다.

게임 QA

게임 QA(Quality Assurance)는 제작된 게임의 품질을 보증하는 업무를 맡는 사람이다.

이들은 게임이 정상적으로 돌아가는지 테스트하고, 기획팀과 개발팀을 거치고도 아직까지 남아있는 오류들을 샅샅이 찾아 다시 개발팀에 전달한다.

게임 QA는 데이터베이스를 구축할 수 있는 능력과 웹 관리에 대한 전반적인 지식을 갖고 있어야 한다. 또한 맵 디자이너로서 시뮬레이션 게임 프로젝트에도 관여하므로, 컴퓨터와 게임에 관한 전문적인 지식을 갖고 있는 사람이 유리하다.

최근 한국에서도 온라인게임의 활성화와 함께 게임 QA가 전성기를 맞고 있다. 그러므로 컴퓨터와 게임을 좋아한다면 한번쯤 도전해볼 만한 분야이다.

게임 마케터

게임 마케터(Game Marketer)는 게임 시장의 동향과 유저들의 성향을 파악하여 게임의 마케팅 전략을 세우고, 소비자에게 게임을 홍보, 판매하는 일을 담당한다.

이들은 우선 관련 업계 및 경쟁사의 자료를 수집하여 최근 게임의 동향을 파악한다. 또한 소비자 조사를 통해 게임 유저들의 특성을 반영한 마케팅 전략을 수립하고, 광고나 방송, 이벤트 등의 홍보 계획을 세운다. 나아가 게임이 유저들에게 지속적으로 이용될 수 있도록 각종 이벤트나 행사를 준비하는 등 고객 관리의 업무도 수행한다.

이 일을 하기 위해서는 홍보나 마케팅 분석, 고객 관리 등 마케팅 관련 지식은 물론이요, 게임에 대한 전문적인 지식을 갖고 있어야 한다. 특히 게임은 온라인, 모바일, 비디오, 아케이드 등 분야별로 시장이 다양하기 때문에 그에 관한 전문적인 지식이 필요하다. 또한 영상물등급 심의규정 같은 게임의 성패를 결정짓는 외적인 요소도 파악하고 있어야 한다.

앞으로도 게임 마케터의 고용은 계속 증가할 것으로 보인다. 게임업체들의 경쟁이 치열할수록 마케팅 및 홍보 전략이 그들의 생존을 결정짓는 중요한 문제가 되기 때문이다. 특히 최근엔 해외로 눈을 돌리는 게임업체들이 증가하고 있는데, 이에 따라 해외시장을 담당하는 마케터를 중심으로 신규 일자리가 증가할 것으로 보인다.

게임 마케터가 되기 위해선 대학에서 경영학, 경제학 등 상경계열이나 게임 관련 학과를 전공하면 유리하고, 그 외에 전문 교육기관에서 게임 마케터 과정을 이수해도 된다. 한편 게임업체에서도 직원을 채용할 때 서류전형과 면접을 거치는데, 주로 경력직을 선호하는 편이다. 대부분의 게임업체가 소규모로 마케팅 업무를 담당하고 있어서, 곧바로 실무에 투입이 가능한 전문인력이 필요하기 때문이다.

게임 마스터

게임 마스터(Game Master)는 게임이 원활히 운영될 수 있도록 관리를 맡은 사람이다.

이들은 게임이 원활하게 운영되는 것부터 유저들의 불평과 불만을 모아 개발자에게 전달하는 일까지, 게임 운영에 관한 전반적인 업무를 담당한다. 또한 게임의 업데이트나 이벤트를 한 뒤에 유저들의 반응을 분석하여 보다 나은 게임으로 발전할 수 있도록 지원한다.

이 일은 기본적으로 게임을 좋아하는 사람이 적합하지만, 고객을 상대로 그들의 불편사항을 해결해주는 일이기 때문에 무엇보다 서비스정신이 중요하다. 또한 게임 시스템에 대한 이해, 데이터의 효율적인 분석과 이용 능력이 뛰어나면 게임의 운영자로서 활동하는데 도움이 된다.

최근 온라인 게임이 우리나라 게임의 주류가 되면서 개발된 게임의 서비스와 운영에 관한 중요성이 부각되고 있다. 이에 따라 온라인 게임을 주로 개발하는 대규모 게임개발사를 중심으로 게임 마스터의 채용이 증가하고 있다. 특히 게임의 기획이나 개발 관련 인력은 주로 경력직을 뽑지만, 게임 마스터는 신규 인력을 많이 채용하는 편이다. 그러므로 신규 인력으로의 진출이 용이하다.

아직까지 우리나라는 게임 마스터가 되기 위한 전문적인 교육과정이 마련되어 있지 않다. 그래서 보통 게임개발사에 취업하여 일정 기간의 교육을 받고 게임 마스터 업무를 수행하고 있다. 하지만 게임 전문학원이나 아카데미에서 운영하는 관련 프로그램을 이용하면 이 분야에 대한 기초지식을 배울 수 있다.

게임 분석가

게임 분석가는 시장성 있는 게임들을 직접 사용해보고 평가해주는 사람이다.

이들은 매달 5~10여개의 새로운 게임 소프트웨어를 완벽하게 마스터하여 시장성을 평가한 뒤, 인기몰이를 할 가능성이 있는 게임을 발굴해 내는 일을 한다.

하나의 게임을 마스터하기까지는 많은 노하우가 필요하므로, 이 일을 하기 위해선 무엇보다 오랜 경력이 있어야 한다. 또한 좋은 게임을 여러 경로로 빨리 접하는 게 중요한 만큼, 게임업계와의 풍부한 인맥도 필수적이다. 그러므로 어느 정도 경력이 있어야 게임 분석가로 활동할 수 있다.

이 일은 게임계에서 유명한 사람들이 만든 게임을 처음으로 접해볼 수 있고, 원하는 게임을 언제든지 할 수 있다는 게 가장 큰 매력이다. 또한 회사의 사업실적과 직접적으로 관련된 업무이니 나름대로 자부심도 가질 수 있다.

프로게이머

프로게이머는 e-sports와 같이 프로 게임계에서 플레이어로 활동하는 사람을 말한다.

이들은 평소 롤플레잉, 액션, 전략시뮬레이션 등 다양한 게임에 대한 기술 및 전략을 익히고 꾸준히 연습한다. 그런 다음 각종 게임대회에 참가하여 시합을 벌인다. 또한 소속회사에서 개발한 게임 소프트웨어의 베타테스트를 하고, 출시 후에는 다양한 시연회 및 홍보를 한다.

프로게이머는 선수별로 연봉 차이가 심한 편이다. 상위 선수는 연봉 일억원이 넘는 경우가 있는 반면에, 신인 선수는 연봉 천만원을 밑도는 경우도 있다. 보통 소속팀에서 계약금과 연봉 등을 받고, 그 외에 대회에서 입상하면 상금을 받기도 한다. 요즘 이들은 사회적으로도 위상이 크게 상승하여 각종 CF나 인터뷰 섭외를 받고 있다. 그래서 한때 청소년들이 선호하는 직업 중 1, 2위가 프로게이머이기도 하였다. 뿐만 아니라 이들은 은퇴 후에도 게임 해설자나 게임 개발자, 게임단 코칭스태프 등으로 진출하고 있다. 실제로 지금의 게임 해설자는 과거 프로게이머였던 경우가 거의 대부분이다.

프로게이머가 되기 위해서는 문화관광부 산하 단체인 한국프로게임협회에 정식으로 등록을 마쳐야 한다. 물론 아무나 등록할 수 있는 것은 아니고, 공인된 게임대회에서 연2회 이상 입상한 후 일정한 소양교육을 이수해야 한다.

게임 해설자

게임 해설자는 방송에서 시청자들이 쉽게 이해할 수 있도록 경기 상황과 전략, 전술 등에 대해 해설을 하는 사람이다.

이 일은 게임 중계라는 새로운 방송 장르가 출현하면서 생겨난 신종 직업군이다. 현재 게임 방송은 MBC게임과 온게임넷 등의 방송사가 이끌고 있다. 초기에는 여러 게임리그와 게임대회가 있었으나, 선수들의 게임량 증가와 팬들의 집중력이 분산된다고 판단하여 요즘엔 두 방송사의 통합리그를 펼치고 있다.

아직까지 게임 해설자로서 갖추어야할 특별한 전문 자격증은 존재하지 않는다. 그저 게임에 대한 해박한 지식과 게임을 즐기고 좋아하는 사람이라면 누구든지 게임 해설가로 활동할 수 있다. 또한 아나운서처럼 언변에 능한 사람이라면 한번쯤 도전해볼만한 직업군이다.

현재 게임 방송국에서 해설을 맡고 있는 사람들은 주로 프로게이머 출신이거나 게임 관련 커뮤니티에서 활동했던 사람들이다. 대부분 프리랜서로 일하고 있으며, 진행하고 있는 게임의 종목과 프로그램에 따라 그 수입이 다르다. 유명한 게임 해설가의 경우는 연간 4,000만원 정도의 수입을 올리고 있다고 한다.

이 일을 하기 위해서는 일단 방송국에서 일자리를 얻어야 한다. 최근에는 공개채용으로 모집하는 경우도 있으나, 대부분 관련된 일을 하다가 발탁되는 경우가 많다. 위에서처럼 프로게이머로 활동한 경우나 관련 커뮤니티에서 활발한 활동을 했던 사람들이 주로 이 일을 하고 있다. 그러므로 프로게이머에 도전해보거나 게임 관련 사이트와 커뮤니티에서 활동하는 것이 유리하다.

게임 맵 제작자

게임 맵 제작자는 게임이 벌어지는 경기장을 만드는 사람이다.

이들의 주요 업무는 방송사의 요구조건에 맞추어 공식 맵을 제작하는 일이며, 각 게임단과의 협의를 통해 프로게이머를 대상으로 맵을 테스트하는 일도 한다.

이 일을 하기 위해서는 해당 게임에 대한 전문가 수준의 지식을 갖추고 있어야 한다. 같은 유닛과 같은 룰에 따라 경기를 하더라도 맵의 형태에 따라 경기 양상이 완전히 달라지기 때문이다.

현재 e-sports는 다양한 분야로 뻗어나가며 계속해서 발전하고 있기 때문에, 아직까지도 개척되지 않은 분야가 많이 존재한다. 게임 맵 제작자도 그 중의 하나로서, 향후 e-sports가 발전할수록 더욱 많은 전문인력을 필요로 할 것이다.

배움터

6장

119

대구 계명문화대학 게임콘텐츠전공

광주 전남과학대학 게임제작과

강원 상지영서대학 게임프로듀서과

충남 공주영상대학 모바일게임과

전북 벽성대학 VR게임개발과

경북 경동정보대학 게임에니메이션과

경북 구미1대학 게임멀티미디어전공

경북 김천대학 게임 · 멀티미디어과

경북 대경대학 e-스포츠게임과, 인터넷게임과

경북 대구미래대학 게임창작과

경남 창신대학 컴퓨터게임과

서울 동국대학교 게임멀티미디어공학전공

서울 서울디지털대학교 게임전공

서울 서울사이버대학교 게임애니메이션학과

서울 세종사이버대학교 디지털게임전공

부산 동명대학교 게임공학과

부산 동서대학교 게임전공

부산 동의대학교 게임공학과

인천 경인여자대학 게임콘텐츠학과

대전 배재대학교 게임공학과

대전 우송대학교 게임멀티미디어학과

대구 계명대학교 게임모바일콘텐츠학과

광주 호남대학교 게임애니메이션학과

경기 한국산업기술대학교 게임공학과

충북 극동대학교 게임디지털컨텐츠표준

충북 주성대학 e스포츠게임과

충남 공주대학교 게임디자인학과

충남 중부대학교 게임학과

충남 호서대학교 게임공학과

충남 홍익대학교 게임그래픽디자인전공, 게임소프트웨어

전북 예원예술대학교 게임애니메이션전공

전북 우석대학교 게임콘텐츠학과

전북 원광디지털대학교 게임학과

전북 호원대학교 게임디자인전공

경북 경운대학교 게임전공

경북 대구한의대학교 게임전공

경북 위덕대학교 게임소프트웨어전공

경남 영산대학교 게임콘텐츠학과

게임스쿨

디지털조선게임아카데미

아트센터

LG소프트스쿨

게임아카데미

6장

한국문화콘텐츠진흥원(www.kocca.or.kr)

한국게임산업개발원(www.gameinfinity.or.kr)

한국게임개발자협회(www.kgda.or.kr)

한국게임산업협회(www.gamek.or.kr)

한국모바일게임산업협회(www.kmga.or.kr)

한국컴퓨터게임산업중앙회(www.kgia.or.kr)

게임산업종합정보시스템(www.gitiss.org)

MBC아카데미디지털교육원(www.mbccgshool.com)

게임전문 리크루팅 <게임잡>(www.gamejob.co.kr)

게임웹진 <게임메카>(www.gamemeca.com)

게임기획자 윤태식의 홈페이지(www.megamix.co.kr)

한국산업인력공단 중앙고용정보원(work.go.kr)

다음세대재단(http://www.daumfoundation.org)

한국직업능력개발원(http://www.careernet.re.kr)

서전의 웹진(http://sjine.seojun.or.kr)

노동부워크넷(http://www.work.go.kr)

김중태문화원(http://www.dal.kr/index.html)

한국직업정보시스템(http://know.work.go.kr)

커리어넷(http://www.careernet.re.kr)

정동헌, 《게임 제작의 알파와 오메가》, 영진닷컴, 2004

김덕호, 《게임 기획과 디자인》, 피씨북, 2001

Jessica Mulligan, Bridgtte Patrovsky, 《온라인 게임기획, 이렇게 한다》, 제우미디어, 2003

정창권, 《문화콘텐츠학 강의》(깊이 이해하기), 커뮤니케이션북스, 2007

정창권, 《문화콘텐츠학 강의》(쉽게 개발하기), 커뮤니케이션북스, 2007

김봉석, 《공상이상 직업의 세계》, 한겨레출판, 2006

7

캐릭터

캐릭터는 동물이나 식물, 사물, 사람 등의 모습을 간단하게 형상화해서 친근감과 귀여움을 주도록 만든 것이다. 또 캐릭터에는 심술궂음, 착함, 개구쟁이 같은 이미지가 함축적으로 담겨있다. 그래서 사람들의 눈길을 끌기가 쉽고, 한번 마음을 주면 그 매력에 계속 빠져드는 특성이 있다.

캐릭터 산업은 로열티를 축으로 한 고수익 산업이자, 롱 셀러(long seller)가 가능한 매력적인 산업이다. 일반적으로 캐릭터가 유행에 민감하다고 생각하나, 미키마우스와 둘리, 아톰 등처럼 스토리와 역사성만 받쳐준다면 오랜 시간이 지나도 인지도가 떨어지지 않는다. 지금도 문구점이나 팬시점에 가보면 그러한 캐릭터 상품을 쉽게 찾을 수 있다. 그 결과 선진국의 경우 모든 문화콘텐츠 산업의 수익모델을 캐릭터 라이센스에서 찾고 있다.

앞으로도 캐릭터 산업은 문화콘텐츠, 특히 영화나 애니메이션, 게임 등 엔터테인먼트 산업이 발전할수록 그 시장규모가 더욱 늘어날 전망이다.

캐릭터 제작과정

단계	기획개발	제조 및 라이센스	유통
담당자	기획자 디자이너 머천다이저(MD)	라이센스 기획자	마케터
주요 내용	기획 사전조사 밑그림 그리기 완성	상품 제조 라이센스	유통 홍보와 판매

캐릭터 기획자

캐릭터 기획자는 캐릭터 개발의 전 과정을 계획하고 관리하는 사람이다.

이들은 디자이너와 함께 캐릭터의 기본적인 콘셉트와 디자인, 스토리 등을 기획하고, 그 캐릭터의 시장 가능성을 객관적으로 평가한다. 그리고 여기서 결정된 사항들을 가지고 캐릭터의 제작과 유통까지의 전 과정을 총괄한다.

이 일을 하기 위해선 무엇보다 소비자들의 마음을 움직일 수 있는 독창적인 기획력을 갖추고 있어야 한다. 또한 매력적인 캐릭터를 개발할 수 있는 예술적 감각을 갖추고 있는 것은 물론이요, 국내외 캐릭터 산업의 동향도 파악하고 있어야 한다. 이외에 대중적인 유행과 감각에 늘 민감하게 반응하고, 어떤 캐릭터가 소비자들에게 어필하고 흥행에 성공할 수 있을지 꿰뚫어보는 안목도 필요하다.

캐릭터 기획자가 되기 위한 가장 보편적인 방법은 우선 캐릭터 산업과 관련된 일을 해보는 것이다. 기획 업무는 개발부터 유통에 이르기까지 전반적인 분야에 대한 지식을 필요로 하고, 캐릭터 산업의 관계자들과도 항상 긴밀한 관계를 유지해야 하기 때문이다. 그래서 많은 사람들이 캐릭터 디자이너나 캐릭터 머천다이징 등의 일부터 시작하여 캐릭터 기획자의 자리에 오르고 있다.

캐릭터 디자이너

캐릭터 디자이너는 시장 분석을 통해 새로 개발할 캐릭터의 대상을 정하고, 나아가 직접 캐릭터를 디자인하는 사람이다.

먼저 캐릭터는 종류가 무척 다양하므로, 그 직업도 다양하게 구분된다. 예컨대 그리는 도구와 방식에 따라 3D 캐릭터 디자이너와 2D 캐릭터 디자이너로 구분할 수 있다. 또한 업종에 따라서는 애니메이션 캐릭터 디자이너와 게임 캐릭터 디자이너, 웹 캐릭터 디자이너, 팬시 캐릭터 디자이너 등으로 구분할 수 있다.

이들은 우선 캐릭터를 개발하기 위한 소비자 분석과 상품 현황을 조사한다. 다음으로 주요 캐릭터와 주변 캐릭터를 결정하고 차례대로 도안을 한다. 또한 캐릭터의 표현방법을 연구하고 새로운 동작과 색채를 개발한다. 일반적으로 캐릭터는 무거운 분위기가 아닌 가볍고, 귀엽고, 깜직한 분위기가 나도록 개발한다.

이 일을 하기 위해서는 풍부한 상상력이 가장 중요하다. 그리고 단지 그림 실력만 뛰어나다고 해서 캐릭터 디자이너가 될 수 있는 것은 아니다. 캐릭터는 말 그대로 어떤 대상의 독특한 성품이다. 그러므로 캐릭터 디자이너는 평소 인물이나 사물, 동물 등의 특성들을 자세히 파악하고 있어야 한다.

우리나라의 캐릭터 시장은 일본과 미국의 영향으로 형성되었고, 그 규모와 종류에 있어서도 아직까지는 걸음마 단계라고 할 수 있다. 지금도 국산 캐릭터를 개발하기보다 해외에서 인기를 얻고 있는 캐릭터를 경쟁적으로 도입하고 있는 실정이다. 그나마 둘리와 마시마로, 뿌까, 딸기 등이 우리나라를 대표하고 있는 캐릭터들이다. 하지만 앞으로는 '캐릭터의 시대' 라 할 수 있을 만큼 캐릭터 시장의 발전가능성은 무궁무진하다. 단적인 예로 문구점에 가보면 각종 캐릭터가 들어있지 않은 상품이 없을 정도이다. 따라서 독창적인 캐릭터를 개발하는 캐릭터 디자이너의 미래는 상당히 밝다고 하겠다.

캐릭터 디자이너가 되기 위해서는 대학에서 시각이나 산업 디자인 관련 학과를 졸업하고, 캐릭터 관련 업계에서 다양한 실무 경험을 쌓으면 더욱 유리하다. 그리고 컴퓨터그래픽에 대한 지식과 기술도 필요하므로, 컴퓨터그래픽 관련 교육을 이수하거나 자격증을 보유하고 있으면 좋다. 또한 캐릭터 공모전을 통해 캐릭터나 애니메이션 디자인에 대한 감각을 키우는 것도 중요하다.

캐릭터 머천다이저(MD)

캐릭터 머천다이저는 소비자들의 요구와 시장성을 고려하여 캐릭터의 제작 방향을 결정하거나 외국 캐릭터를 수입하고, 더 나아가 직접 독특한 캐릭터를 디자인하는 사람이다.

이들은 캐릭터를 기획하고 개발하는 캐릭터 산업의 주도자이다. 즉, 소비자의 요구에 맞게 캐릭터를 개발하는 것에서부터 외국 캐릭터를 수입하고 판매하는 등 캐릭터 상품화와 관련된 전반적인 과정을 총괄하는 업무를 맡는다.

이 일을 하기 위해선 무엇보다 시대를 앞서 나갈 수 있는 선진적인 감각이 있어야 한다. 또한 대상의 정확한 특성을 끄집어내어 살아있는 캐릭터를 만들어야 하므로, 섬세하고 차분한 성격과 관찰력이 있어야 한다. 나아가 캐릭터의 특성과 가격, 수요층을 정하여 전용 쇼핑몰에 올려야 하기 때문에, 네티즌들의 취향과 시장동향에 대해서도 자세히 파악하고 있어야 한다.

이제 캐릭터 산업은 21세기 대표적인 고부가가치 산업으로 자리 잡았다. 최근 국내에서도 캐릭터 산업의 중요성을 인식하고 전문적으로 캐릭터 창작을 대행하는 업체부터, 캐릭터 상품제조업체, 캐릭터 전문 유통업체까지 등장하고 있다.

캐릭터 머천다이징과 관련된 전문적인 교육기관은 아직까지 거의 없는 실정이다. 하지만 캐릭터를 개발하려면 디자인 감각이 필요하기 때문에, 그와 관련된 교육과정을 이수해도 좋다.

게임 캐릭터 디자이너

게임 캐릭터 디자이너는 각종 게임에 등장하는 캐릭터를 창조하는 사람이다.

이들은 3D 동영상 프로그램을 지원하는 그래픽을 이용하여 독특한 아이디어를 담은 게임 캐릭터 등을 만들어낸다. 또한 흥미로운 캐릭터를 만들기 위해 만화적인 기법을 사용하기도 한다.

이 일을 하기 위해서는 게임의 3차원 공간에 어울리는 배경과 조명, 색 등을 고려한 캐릭터를 구상할 줄 알아야 하고, 애니메이션에 대해서도 풍부한 지식을 갖고 있어야 한다.

게임 캐릭터 디자이너가 되려면 디자인 계열 학과나 캐리커처학과, 게임학과, 애니메이션학과 등 캐릭터나 게임 관련 학과에 지원하는 것이 가장 유리하다. 물론 전문학원이나 대학의 부설 교육원을 수료하는 방법도 있다.

게임 캐릭터 디자이너와 관련된 자격증은 종류가 매우 다양한데, 대체로 그래픽이나 게임 관련 자격증이 취업하는데 도움이 된다. 그 중에서도 특히 게임 캐릭터 디자이너와 일치하는 자격증으로는 한국산업인력공단이 실시하는 게임 그래픽 전문가 자격증을 들 수 있다.

웹 캐릭터 디자이너

웹 캐릭터 디자이너는 일반적인 캐릭터 디자이너와 업무는 같지만, 그 소재와 매체가 웹 중심이라는 점에서 차이가 있다.

이들은 주로 아바타나 로고, 기업 상징물 등처럼 웹에서 사용하는 캐릭터들을 디자인한다. 그러므로 웹 캐릭터 디자이너가 되려면 캐릭터 디자인 외에도 웹에 대한 지식을 필수적으로 갖추고 있어야 한다.

팬시 캐릭터 디자이너

팬시 캐릭터 디자이너는 각종 팬시상품에 등장하는 캐릭터를 창조하는 사람이다.

이들은 노트나 다이어리, 달력, 메모장 등 작은 문구류에서부터 전자제품, 자동차 등에 이르기까지 일상생활에 필요한 모든 제품의 캐릭터를 디자인한다.

이 일을 하기 위해서는 우선적으로 상품 자체, 즉 학용품이나 스티커, 액세서리 등 온갖 종류의 팬시상품에 관심이 많아야 한다. 또한 대중의 트렌드를 민감하게 읽어낼 수 있어야 하고, 기본적인 미술 실력도 갖추고 있어야 한다.

팬시 캐릭터 디자이너가 되기 위해서는 대학에서 시각디자인이나 산업디자인 등 디자인 관련 학과를 전공하거나, 디자인 전문학원 및 아카데미를 수료해도 된다. 한국산업인력공단에서 실시하는 시각디자인기사, 시각디자인산업기사, 컴퓨터그래픽스운용기능사 등의 자격증 보유자라면 취업에 더욱 유리하다.

아바타 디자이너

아바타 디자이너는 게임 기획자나 네티즌이 원하는 사이버 세상의 인간을 만들어내는 사람이다.

이들은 아바타의 콘셉트를 정하고 아이디어를 스케치한 다음, 기본형과 응용형 등의 동작을 디자인한다.

아바타 디자이너가 되기 위해선 무엇보다 그림 실력이 뛰어나야 한다. 현재 활동 중인 아바타 디자이너들도 시각디자인과 의상디자인, 순수 회화와 같은 미술 관련 전공자들이 많다. 물론 그림만 잘 그린다고 해서 아바타 디자이너가 될 수 있는 건 아니고, 그림 실력 외에도 유행을 읽는 안목이 있어야 한다.

이 직업은 생긴 지 얼마 되지 않아서인지 관련 교육기관을 졸업한 사람보다 다른 분야에서 일하던 사람들이 직종을 변경한 경우가 많다. 주로 속옷 디자이너나 패션 디자이너, 액세서리 디자이너, 팬시 디자이너, 캐릭터 디자이너로 일하던 사람들이 이 분야로 옮겨왔다.

아직까지 아바타 디자인만을 전문적으로 가르치는 교육기관은 없다.

그래서 주로 대학에서 만화학과나 애니메이션학과, 시각디자인학과 등을 전공하고 이 일을 담당하고 있다. 요즘 업계에서 각종 '아바타 공모전'을 자주 개최하고 있는데, 이런 공모전에 도전하여 입상하는 것도 아바타 디자이너로 입문하는 하나의 방법이 될 것이다.

피겨 디자이너

피겨(figure)란 영화나 만화, 게임 등에 등장하는 캐릭터나 사회의 유명인사를 축소해서, 원래의 캐릭터와 구분할 수 없을 정도로 정교하게 만든 캐릭터 인형을 말한다. 바로 이 피겨를 설계하고 제작하는 업무를 담당하는 사람이 피겨 디자이너이다.

이 일은 온라인 게임이나 인터넷 상에서 자주 접하는 캐릭터를 아바타가 아닌 실제로 조형화하는 것으로, 캐릭터 산업의 새로운 성장분야로 전망하고 있다.

일러스트레이터

일러스트레이트란 교과서나 그림책, 신문, 잡지, 참고서, 달력, 영상매체 등에 등장하는 각종 그림이나 문양을 도안하고 제작하는 사람을 말한다. 일러스트레이트들이 그린 그림은 사진보다 훨씬 큰 효과를 주기도 하는데, 특히 아동용 그림책처럼 이미지로 승부하는 분야에서 이들의 활동이 두드러진다.

이들은 우선 시장조사를 통해 그림의 주제를 선정하고 고객의 요구사항에 맞춰 연출방향을 결정한다. 그런 다음 작품의 스타일과 표현방법을 결정하고, 내용에 적합한 그림을 그린 뒤에 문자를 배열하거나 채색을 한다.

이 일을 하기 위해선 특히 공간과 형태 지각력이 요구된다. 또한 예술적 감각이 있어야 하며, 기본적으로 데생 실력을 갖추고 있어야 한다.

일러스트레이트들은 주로 프리랜서로 활동하기 때문에 수입이 상당히 불규칙한 편이다. 개개인의 능력에 따라 천차만별인 데다가, 작품을 맡는 양에 따라서도 수입이 달라진다. 대개 메이저급의 경우 연간 1억5천만 원까지 수입을 올리기도 한다.

일러스트레이터가 되기 위해서는 대학에서 시각디자인이나 광고디자인, 산업디자인 관련 학과를 졸업하는 것이 유리하다.

캐릭터 마케터

캐릭터 마케터란 이미 개발한 캐릭터를 널리 알리거나 그 캐릭터를 사용한 제품들이 잘 팔릴 수 있도록 하는 사람을 말한다.

이들은 시장조사를 통해 디자이너가 고안한 캐릭터를 고객들에게 가장 잘 알릴 수 있도록 홍보와 관리를 담당한다. 특히 캐릭터 마케터는 단순한 홍보만이 아니라 각종의 사업 제휴나 라이센싱 비즈니스를 함께 하는 경우가 많다.

이 일을 하기 위해서는 무엇보다 비즈니스 역량을 갖추고 있어야 한다. 마케팅과 관련된 사업적인 능력이 없이는 이 일을 수행하기 어렵기 때문이다. 다음으로 의사소통 능력이 중요한데, 왜냐하면 홍보나 관리,

개발 등을 위해 회사 내의 사람들이나 외부의 업체들과 계속해서 접촉해야 하기 때문이다. 또한 캐릭터 마케터는 끊임없이 변화하는 대중의 요구를 정확히 파악하고, 이를 상품에 반영할 수 있는 감각을 갖고 있어야 한다.

현재 세계 캐릭터 산업의 시장규모는 1백30조원 이상이며, 앞으로도 꾸준한 성장세를 이어갈 것으로 전망하고 있다. 그러므로 캐릭터 마케터의 미래는 매우 밝을 것으로 예상된다.

캐릭터 마케터가 되기 위한 특별한 학력이나 전공 제약은 없다. 다만 캐릭터 업계에서 기획 및 디자인 업무를 담당했거나, 애니메이션이나 게임 등의 업체에서 캐릭터를 기획, 개발, 마케팅을 담당했던 사람이라면 더욱 유리하다. 요즘은 한국문화콘텐츠진흥원에서도 캐릭터 마케팅과 관련한 체계적인 교육을 받을 수 있다.

캐릭터 라이선싱 기획자

캐릭터 라이선싱 기획자는 캐릭터의 마케팅 전략 및 라이선싱 프로그램을 기획하고 관리하는 사람이다.

먼저 이들은 프로모션(promotion), 곧 판매촉진 업무를 담당한다. 프로모션 방법으로는 플래시 애니메이션, 페스티벌, 이벤트, PPL(간접광고), 애니메이션 등 여러 가지가 있다. 캐릭터 라이선싱 기획자는 시기와 타킷에 맞는 방법을 고른 후 본격적인 프로모션을 시작한다. 다음으로 이들은 라이선싱 계약을 체결한다. 대개 프로모션을 통해 캐릭터에 관심을 갖게 된 제조업체와 해외 에이전트들은 이들에게 라이선싱 계약을 맺

자고 연락을 한다. 그럼 이들은 판매지역과 로열티, 사용기간 등을 명시한 캐릭터 라이선싱 계약을 맺는다. 끝으로 이들은 캐릭터를 지속적으로 관리한다. 보통 라이선싱 계약이 체결되면 제조업체들은 캐릭터가 부착된 상품의 디자인 시안을 보내온다. 그럼 이들은 원래 의도한 대로 캐릭터가 상품에 잘 구현되었는지 확인한다. 또한 이들은 계약을 맺은 캐릭터를 지속적으로 관리하기도 한다. 어린이들에게 해로운 물건에는 캐릭터를 사용하지 않기로 했는데 그러한 상품이 만들어지고 있는 건 아닌지, 디자인의 의도를 무시한 캐릭터 상품이 출시되고 있는 건 아닌지, 계약기간과 판매지역은 잘 지켜지고 있는지, 라이선싱을 맺지 않은 업체에서 불법복제를 하고 있지는 않는지 등을 꼼꼼히 관리한다.

이 일을 하기 위해서는 무엇보다 마케팅 능력이 요구된다. 이들의 업무는 캐릭터를 널리 알리고 캐릭터가 부착된 제품들이 잘 팔릴 수 있도록 하는 캐릭터 마케팅 영역이기 때문이다. 그리고 해외 에이전트들과 라이선싱 계약을 맺고 지속적인 관리를 하기 위해선 영어는 물론 중국어, 일어 등 외국어 능력도 필수적으로 갖추고 있어야 한다.

한편 이들은 캐릭터 작가들의 법률적 보호자이기도 하다. 그러므로 특허권이나 의장권, 상표권 등 지적 재산권을 충분히 이해한 상태에서 계약을 맺고, 이후로도 캐릭터에 대한 저작권을 보호할 수 있어야 한다.

1990년대 말까지만 해도 미국과 일본의 캐릭터가 한국 시장을 거의 장악하고 있었다. 하지만 2000년대에 들어와 <마시마로>의 등장으로 우리나라의 캐릭터 산업이 급성장하기 시작했고, 현재는 국산 캐릭터가 전체 시장점유율의 약 40%에 다다르고 있다. 우리나라 캐릭터의 시장 규모는 2003년 기준으로 4조 8천억원에 달한다. 이는 영화나 음반 시장을 합한 것보다 훨씬 큰 규모이다. 세계시장에서 차지하는 비율도 1.5%로 9위를 달리고 있다. 다시 말해서 향후 캐릭터 산업의 가능성은 무궁무진하다는 것이다.

캐릭터 라이선싱 기획자로서 특별히 선호되는 학력이나 전공은 없다. 현재 캐릭터 산업을 전문적으로 가르치는 기관으로는 2000년도에 설립된 한국문화콘텐츠진흥원의 사이버 문화콘텐츠아카데미가 있다. 이외에 아직까지 캐릭터 라이선싱 기획을 전문적으로 가르치는 교육기관은 거의 없는 실정이다.

7장

—각 대학과 대학교의 시각디자인과 및 산업디자인과 참조

—캐릭터

경기 청강문화산업대학 캐릭터산업디자인과

경기 용인송담대학 인형캐릭터창작전공

부산 동부산대학 캐릭터애니메이션과

경상 경북과학대학 캐릭터애니메이션

경상 선린대학 애니메이션 · 캐릭터디자인 전공

7장

(사)한국캐릭터협회(http://www.character.or.kr)

(사)한국캐릭터디자이너협회(http://www.kocda.org)

한국디자인진흥원(www.designdb.com)

한국문화콘텐츠진흥원(http://www.kocca.or.kr)

특허청(http://www.kipo.go.kr)

저작권조정위원회(http://www.copyright.or.kr)

월간 캐릭터(http://www.echaracter.biz)

디자인정글(http://jungle.co.kr)

일본 캐릭터 정보(http://www.charabiz.com)

라온아이(http://www.laoni.com)

유니드림(www.unidream.co.kr)

드림플래시(http://blog.daum.net/dreamflash)

이코노미21(http://www.economy21.co.kr)

컬처리스트(www.culturist.co.kr)

우리동네알바핫알바(http://www.hotalba.co.kr)

한국직업능력개발원(http://www.krivet.re.kr)

커리어넷(http://www.careernet.re.kr)

이포(www.e4n4.pe.kr)

애드컴디자인아트스쿨(www.adcom114.co.kr)

(주)바른손(http://www.barunson.co.kr)

대원C&A(http://www.daiwoncna.com)

미스터케이(http://www.mrk.co.kr/new_default.asp)

한국만화애니메이션학회(http://www.koscas.co.kr)

마시마로(http://www.mashimaro.com)

모닝글로리(http://www.morningglory.co.kr)

둘리(http://www.doolynara.co.kr)

마린블루스(http://www.marineblues.net)

킴스라이센싱(http://www.kimslicensing.com/korea/index.htm)

스노우캣(http://www.snowcat.co.kr)

(주)위즈엔터테인먼트(http://www.wizw.com)

(주)영아트(http://www.youngart.co.kr/k_site/index.htm)

부즈(뿌까)(http://www.vooz.co.kr/vooz/index.html)

박소연, 《캐릭터 마케팅》, 소담출판사, 2003

유지은, 《Hi 캐릭터, Hello 마케팅》, 미래의창, 2004

김봉석, 《공상이상 직업의 세계》, 한겨레출판, 2007

츠치야 신타로, 《캐릭터 비즈니스》, 기전연구사, 2000

온라인캐릭터팀, 《캐릭터 디자인 CHARACTER DESIGN》, 한국컴퓨터거진, 1999

미야시타 마코토, 《캐릭터 비즈니스, 감성체험을 팔아라》, 넥서스북스, 2002

한국문화콘텐츠진흥원, 《대한민국 애니메이션산업백서 2004》, 커뮤니케이션북스, 2004

한국문화콘텐츠진흥원, 《캐릭터 비즈니스》, 커뮤니케이션북스, 2004

정창권, 《문화콘텐츠학 강의》(깊이 이해하기), 커뮤니케이션북스, 2007

정창권, 《문화콘텐츠학 강의》(쉽게 개발하기), 커뮤니케이션북스, 2007

8

공연

공연에는 음악과 연극, 무용, 국악 등이 있고, 좀더 세분하면 각종 연주회나 콘서트, 연극, 뮤지컬, 오페라, 발레, 포퍼먼스, 서커스, 마술쇼, 판소리, 창극, 마당극, 인형극 등이 있다.

공연은 영화나 방송과 달리 바로 눈앞에서 펼쳐지는 것들을 온몸으로 느낄 수 있다는 장점을 가지고 있다. 또한 배우가 직접 관객에게 말을 건넨다거나 정해지지 않은 스토리 전개로 관객들을 즐겁게 하기도 한다.

공연은 영화나 드라마보다 대중성이 약간 떨어지긴 하지만, 좋은 콘텐츠만 있으면 수정과 개작을 계속해가며 많은 사람들에게 재미와 감동을 줄 수 있다. 사실 공연, 특히 뮤지컬은 영화나 드라마보다 더욱 경쟁력을 가지고 있다. 뮤지컬은 잘만 만들면 10년 이상 장기 공연을 할 수도 있고, 기타 영화나 음반, 캐릭터 상품 등으로 제작하여 큰 수익을 올릴 수도 있기 때문이다. 더 나아가 전 세계로 공연을 다니면서 사람들의 환대를 받을 수도 있다.

최근 여가시간이 증가하고 경제력이 상승하면서, 사람들의 공연에 대한 관심이 갈수록 커지고 있다. 그러므로 적성에 맞고 재능이 있는 사람이라면, 공연계를 자신의 전문 분야로 삼아도 좋을 듯하다.

공연(뮤지컬) 제작과정

단계	기획	연출	공연
담당자	기획자 대본작가 연출자 배우	무대 디자이너 무대의상 디자이너 조명 디자이너 사운드 디자이너 분장사	마케터 하우스 매니저
주요 내용	작품선정 제작진 구성 협찬사 선정과 공연장 섭외 대본 제작 및 작사, 작곡 배우 오디션 공연 연습	무대연출 의상과 분장 및 소품 준비 기술 체크 최종 리허설	공연 홍보 업그레이드 멀티유즈화

공연 기획자는 공연의 시작에서 끝까지 전체적인 사항을 조절하고 관리하는 사람이다.

이들은 대개 연극이나 뮤지컬, 퍼포먼스 등과 같은 공연의 컨셉을 선정한 뒤, 제작을 위한 스태프를 짜서 한 편의 이야기를 무대에 올린다. 또한 무대와 의상, 음악 등 전체적인 분위기를 설명하며 작품의 성격을 전달하는 총지휘자로서의 역할도 수행한다. 나아가 기획자로서의 업무를 더욱 확대하여 홍보와 마케팅까지 담당한다. 예컨대 공연 시기와 장소, 예산 등의 계획을 세우고, 그에 관한 스폰서를 찾아내어 공연을 무대에 올리는 등 모든 살림을 도맡아서 한다.

이 일을 하기 위해선 일단 공연예술 자체에 대한 이해가 뒤따라야 한다. 그리고 공연이란 결국 사람들을 감동시키는 장르이기에 다른 무엇보다 창의적이고 도전적인 의식이 강해야 한다.

요즘 흥행에 성공하는 공연 작품들이 계속 나올 뿐만 아니라, 실력 있는 유명 연예인들이 공연에서 주요 배역을 맡으면서, 이 분야에 대한 사람들의 관심이 높아지고 있다. 특히 공연은 한미 FTA의 체결로 인해 급부상하게 될 유망직업 중의 하나로 꼽히고 있다. 브로드웨이의 공연 산업이 우리나라에 적극적으로 진출하게 되면 공연 기획자에 대한 수요가 많이 늘어날 것이기 때문이다. 또한 주5일 근무제의 시행 등으로 여가를 즐기려는 분위기가 확산되고, 연극이나 뮤지컬과 같은 공연을 즐기는 계층이 넓어지는 것도 이 분야의 성장 가능성을 뒷받침하고 있다.

공연 기획자는 정식으로 훈련을 받거나 교육을 실시하는 기관이 별로 없다. 그래서 공연 기획을 주로 하는 극장의 직원이나 마케팅 전문가부터 시작하는 경우가 많다. 또한 무대와 음향, 의상, 조명 등 전반적인 부분에 대한 지식을 갖추어야 하므로 외국에서 공부를 하는 경우도 있다.

희곡(대본) 작가

희곡(대본) 작가는 연극이나 뮤지컬 등을 공연하기 위해 이야기를 창작하거나 각색하는 사람이다.

이들은 우선 역사적 현실이나 사건의 과정 등을 조사하여 작품의 줄거리를 구상한다. 다음으로 작품의 내용에 따른 인물과 시대, 장소 등을 결정하고, 작품을 전개하는데 필요한 대사, 동작 등을 구상한다. 끝으로 각 장면별로 인물의 표정과 동작, 음향, 조명 등을 고려하여 희곡이나 대본을 작성한다.

희곡(대본) 작가가 되기 위한 특별한 자격요건이나 정해진 경로는 없다. 글을 쓰는데 흥미가 있고, 다양하고 풍부한 습작 경험이 있으면 누구나 할 수 있다. 대학에서 국어국문학과나 문예창작학과를 전공하면 희곡이나 대본을 쓰는데 유리하다.

연극 배우

연극 배우는 연극의 등장인물로 출연하여 대본과 감독의 연출에 따라 연기하는 사람이다.

이들은 연극에 캐스팅되어 배역이 결정되면 극중 인물의 성격을 소화하기 위해 관련 자료를 수집하여 연구하고, 표정이나 행동 등을 연습한다. 또한 스텝들과 함께 각 장면에 어울리는 옷차림이나 분장 등을 연구하여 극중인물의 성격에 잘 부합하도록 한다. 연극도 역시 배우들 사이의 호흡이 얼마나 잘 맞느냐가 매우 중요한데, 그러므로 동료 배우들과 조화를 이루기 위해 공연에 앞서 많은 연습을 한다.

배우는 다양한 성격과 환경에 따른 역할을 충실히 소화해내야 하므로, 음악이나 무용, 미술 등 예술적 지식을 충분히 갖추고 있어야 한다. 또한 배우에게 있어서 무엇보다 중요한 것은 연기에 대한 열정과 배역에 대한 완벽한 이해라고 할 수 있다.

이들은 보통 5년 정도의 숙달 기간을 거쳐야 하며, 평균임금도 그리 높은 편이 아니다. 물론 경제성장과 문화의식의 향상에 따라 연극공연을 관람하는 수가 증가하고 있으나, 아직까지 연극공연은 영화나 방송 등 영상물에 비해 대중화에는 한계가 있다. 그러므로 배우로서 명성을 얻고 능력을 인정받는 것은 여전히 매우 힘들다고 할 수 있다.

보통 연극 배우들은 고등학교를 졸업하고 극단의 단원으로 들어가 연기지도를 받은 후 무대에 서기도 하고, 대학에서 연극 관련 학과를 전공하거나 연극반 활동, 연극제 참가 등의 경험을 살려 배우로 활동하기도 한다. 또한 공개 오디션을 통해 배우로 입문하는 경우도 있다.

뮤지컬 배우

뮤지컬 배우는 무대 위에서 대본에 따라 노래를 부르고 춤을 추며 연기를 하는 사람이다.

이들도 연극 배우처럼 우선 출연할 작품의 대본을 보고 주어진 배역에 대해 연구한 뒤, 대사를 외우고 노래를 연습한다. 또한 각 장면별로 여러 배우들과 함께 율동을 연습한다. 그리고 마침내 무대 위에서 실제 연기를 하면서 노래도 부르고 율동도 한다.

뮤지컬 배우는 춤과 노래, 연기 등 다양한 끼와 재능이 요구된다. 이 때문에 연기 실력을 겸비한 가수나 노래 실력을 갖춘 연기자가 뮤지컬 배우를 겸하기도 한다. 또한 이들은 풍부한 표현력과 여러 가지 배역을 소화하기 위해 다양한 인생 경험을 갖고 있어야 한다.

얼마 전까지만 해도 뮤지컬은 사람들의 관심도 적고 수입도 적어서 생계가 어려울 정도였다. 하지만 요즘은 대학에서 뮤지컬 학과를 개설할 정도가 됐고, 방송이나 영화에 미치지는 못하지만 수입도 많이 늘어난 상태이다. 뮤지컬 관객도 20대의 젊은 여성층에서 중·장년층에 이르기까지 대단히 넓어지고 있다. 이로 인해 창작뮤지컬에 대한 투자도 조금씩 이루어지는 등 뮤지컬 산업의 발전이 가속화되고 있다.

뮤지컬 배우가 되기 위해선 대학에서 연극영화나 무용, 성악 등을 전공하거나, 뮤지컬 배우를 양성하는 전문학원을 다녀도 된다. 최근에는 대학에도 뮤지컬학과가 개설되었다.

뮤지컬 배우를 뽑기 위한 채용과정은 서류전형과 오디션으로 이루어지는 경우가 많다. 보통 수차례에 걸쳐 춤과 노래, 연기 실력 등을 평가한다. 그러므로 항상 오디션에 임할 수 있도록 꾸준한 연습과 자기 계발을 해야 한다.

무용가

무용가는 안무가 혹은 연출가의 요구에 따라 무대에서 자신이 맡은 역할을 수행하는 사람이다.

이 일을 하기 위해선 우선 무용적 테크닉과 풍부한 감정표현 능력이 필요하다. 그리고 무용가는 관객들에게 완성도 높은 공연을 보여주기 위해 평소 신체 단련과 몸매 유지에도 신경을 써야 한다.

국내 무용계의 경우 다른 문화예술 분야보다 대중화되지 못하여 관객층이 얇고, 무용단원의 자비로 공연을 개최하는 등 재정적 어려움을 겪고 있다. 하지만 앞으로는 각 지방자치단체에서 지원하는 무용공연의 활성화가 기대되고, 지역민을 위한 문화교육의 일환으로 무용교육에 대한 관심이 증가될 것으로 예상된다. 또한 순수무용보다는 연극이나 오페라, 뮤지컬 등 무용이 필요한 다른 예술분야에서의 활동이 두드러질 것으로 보인다.

국악인

국악인은 전통음악을 하는 사람으로, 가야금과 해금 등의 국악기를 연주하거나 판소리와 민요 등의 노래를 부른다.

먼저 기악연주가는 가야금, 거문고, 해금, 아쟁, 장구 등의 국악기를 가지고 정악, 민속악 등의 전통국악이나 창작국악을 연주한다. 그리고 국악성악가는 가곡, 가사, 시조를 노래하거나 판소리, 민요, 창극 등을 부른다. 또한 국악작곡가는 새로운 창작국악을 만들거나 공연의 성격에 맞게 편곡을 담당한다.

국악을 하기 위해서는 음악적 재능과 함께 음에 대한 청각, 표현력, 창의력 등이 필요하다. 또 서양 음악에 대한 폭넓은 이해와 한문독해 능력도 갖추고 있어야 한다.

근래 전통문화에 대한 관심이 고조되고, 일반 시민을 위한 국악 공연이 늘어나고 있다. 또한 퓨전국악이 발달하면서 방송이나 영화, 뮤지컬 등에서 국악을 활용하는 경우도 늘어나고 있다. 그러므로 향후 국악인의 고용은 다소 증가할 것으로 전망된다.

요즘 국악인이 되기 위해서는 국악고등학교나 대학의 국악학과를 나오는 경우가 대부분이다. 또한 기능보유자로부터 특정 종목을 전수받고 국악인으로 진출하기도 한다.

성악가

성악가는 독창, 중창, 합창의 형태로 고전음악과 가곡을 노래하며, 대개 합창단에 소속되어 합창 발표회를 하거나 독창, 중창 발표회를 개최하기도 한다.

이들은 피아노나 오케스트라의 반주에 맞추어 노래를 하고, 오페라의 등장인물로 출현하여 음악에 맞추어 대사를 표현하기도 한다.

성악가가 되기 위해선 어렸을 때부터 음악적 재능을 발견하고 지속적으로 교육과 훈련을 받아야 하며, 대학에서도 성악 관련 학과를 졸업하는 것이 유리하다.

연주가

연주가는 독주자나 오케스트라, 악단의 일원으로서 악기를 연주하는 사람이다.

이들은 관악기나 현악기, 건반악기, 타악기 중 특정 악기를 전문적으로 연주한다. 또한 가수들의 노래나 다른 기악의 연주를 반주할 때에는 반주자가 되고, 발레나 오페라 등의 공연에서 배경음악을 담당하기도 한다.

요즘 생활수준이 높아지면서 공연을 즐기는 사람들이 늘어나고, 그에 따라 다양한 종류의 공연들이 개최되고 있다. 또한 영화나 연극, 무용, 방송 등에서도 음악이 사용되고 있다. 그러므로 향후 연주가의 고용은 계속 증가할 것으로 보인다.

연주가가 되기 위해서는 예술고등학교나 음악대학에서 관현악과, 기악과, 피아노학과, 음악과 등 관련 학과를 전공하는 것이 일반적이다. 또한 기존의 음악가가 경영하는 학원이나 아카데미 등에서 교육을 받기도 한다.

지휘자

지휘자는 관악기, 현악기, 타악기 등을 연주하는 관현악단을 지휘하고, 화음을 연출하기 위해 합창단을 지휘하기도 한다.

이들은 공연에 적합한 연주곡을 선정하고 연주자들을 적절히 배치한다. 그런 다음 리듬이나 빠르기 등의 음악적 효과를 낼 수 있도록 연주자들을 지휘한다.

이 일을 하기 위해선 음악적 재능과 예술적 감각을 가지고 있어야 하며, 또 꾸준히 연습을 해야 하므로 남다른 인내와 끈기도 요구된다. 나아가 연주자들을 통솔할 수 있는 리더십과 판단력도 있어야 한다.

지휘자가 되기 위해서는 대학에서 음악 관련 학과를 졸업하는 것이 일반적이다. 대개 이들은 연주자로서의 실력을 인정받은 뒤 지휘계의 거장으로부터 지휘법을 배우기도 하고, 그냥 대학의 음악 관련 학과에서 지휘법을 배우기도 한다. 이들은 오케스트라, 국공립 교향악단, 방송국 교향악단의 지휘자로 활동하거나, 또는 프리랜서로 활동하기도 한다.

연극 연출자

연극 연출자는 한편의 연극을 제작하기 위해 배우와 스텝들을 이끌고 나가는 지휘자이다.

이들은 제작 계획을 조정하기 위해 무대감독과 협의하고, 각 장면에 따라 배우들에게 분위기와 동작 등을 설명하고 지도한다. 또한 의상이나 음향, 특수효과, 안무 등과 관련된 사항들을 결정한다.

이 일을 하기 위해선 음악, 무용, 문학 등 다방면에 걸친 관심과 재능이 필요하다. 본디 연극은 종합예술이기 때문이다. 그리고 여러 제작진들을 지휘해야 하기 때문에 리더십도 필요하다.

연극 연출자의 고용은 앞으로도 계속 현재의 상태를 유지할 것으로 보인다. 경제성장과 문화의식의 향상에 따라 연극 관람객의 수가 다소 증가할 수도 있겠으나, 연극은 영화나 방송 등 영상매체에 비해 아직까지 대중화되기에는 한계가 있기 때문이다.

연극 연출자가 되기 위해서는 대학의 연극 관련 학과에서 연출을 전공한 후 극단으로 들어가는 방법이 있다. 그렇지 않으면 극단에서 조연출의 수업을 받은 후 연출자로 나아갈 수도 있다.

뮤지컬 연출가

뮤지컬 연출가는 연극 연출가보다 훨씬 많은 공동작업을 해야 한다. 출연배우와 조명, 의상 디자이너뿐만 아니라 작곡가와 작사가, 안무가, 편곡자 등 수많은 사람들과 긴밀히 협력해야 한다.

이들도 역시 연극 연출자처럼 제작 계획을 조정하기 위하여 무대감독과 협의하고, 각 장면에 따라 배우들에게 분위기와 동작 등을 설명하고 지도한다. 또한 의상과 음향, 특수효과, 안무 등에 관련된 사항을 결정한다.

뮤지컬 연출가는 일반적인 연극 연출자와 달리 음악, 무용, 의상 등 다양한 요소들에 대한 지식을 갖고 있어야 한다. 그리고 작품에 참가하는 모든 사람들의 인간적인 문제까지도 보살펴주어야 한다.

153

무대 감독

무대 감독은 공연의 예술, 기술, 실무 등 모든 면에서 실제적인 관리와 책임을 맡은 사람이다.

이들은 작품의 예술성을 살리기 위한 무대 장치와 조명, 의상, 음향 종사자들의 역할과 활동을 결정하며, 배우들이 적절한 시기에 출연하도록 연락하고 조정한다. 또한 공연 진행 중 돌발적으로 발생할 수 있는 무대 위의 안전사고를 미연에 방지한다. 나아가 공연이 완료되면 무대 종사자들을 지휘하여 모든 물품을 정리하고 보관한다.

이 일을 하기 위해선 미적 감각과 인테리어 감각, 공간 지각력 등이 필요하며, 무대 종사자들을 총괄하여 지휘할 수 있는 통솔력과 리더십이 요구된다. 또한 돌발적으로 발생할 수 있는 무대 위의 안전사고에 대해 신속하게 대응할 수 있는 능력과 정확한 판단력이 있어야 한다. 나아가 감독과 스태프, 출연자 등 많은 사람들을 상대해야 하기 때문에 원만한 대인관계와 의사소통 능력이 요구된다.

지금까지는 무대 감독의 역할이 전문적인 영역으로 인식되지 못했으나, 근래 연극이나 뮤지컬 등의 공연을 구성하는 중요한 요소로 주목받게 되면서 이들에 대한 수요가 증가하고 있다. 향후에도 무대 감독에 대한 수요는 계속 증가할 것으로 전망된다.

무대 감독이 되기 위한 특별한 학력이나 전공의 제한은 없지만, 대학에서 무용, 연극, 미술 등의 관련 학과를 전공하면 유리하다. 대개 이들은 무대 연출자의 보조로 들어가 감독이 되기 위한 훈련을 받게 된다.

무대 디자이너

무대 디자이너는 극의 분위기에 맞게 세트를 만드는 일을 하는 사람이다.

이들은 먼저 대본을 검토한 후 미술 감독과 협의하여 무대 장치를 설계한다. 무대 장치의 종류와 크기, 색상 등 세부적인 사항을 결정하고, 무대 장치를 조립하고 설치하는 종사자들의 활동을 전체적으로 관리한다.

이들은 무대 장치를 비롯해 조명까지 감독해야 하기 때문에 공연제작에 대한 세심한 이해와 끊임없는 연구가 필요하다. 그리고 자신의 아이디어를 표현하는 미술적인 재능이 요구되며, 분석력과 인지력, 설계능력도 필요하다. 또한 시뮬레이션으로 무대를 디자인하여 제작에 참여하는 종사자들에게 설명도해야 하므로, 3차원 컴퓨터그래픽 기법도 다룰 줄 알아야 한다.

대개 무대 위의 출연자들이 공연의 주인공이긴 하지만, 무대 장치도 간과할 수 없는 중요한 요소이다. 공연의 내용을 관객들에게 잘 전달하기 위해서는 무대 장치가 뒷받침되어야 하기 때문이다. 게다가 요즘은 공연의 특성에 맞는 무대 디자인이 그 공연을 대표하는 하나의 상징으로 작용하는 경우도 적지 않다. 그래서 날이 갈수록 무대 디자이너의 역할이 중요해지고 있다.

무대 디자이너는 인테리어 전문가 과정이나 무대 미술을 전공한 사람들이 주로 참여하고 있다. 그리고 선배 디자이너로부터 도제식 수업을 받아 일하는 경우도 있고, 상황에 따라서는 용역회사의 직원으로 일하다가 발탁되기도 한다.

홍익대나 한국예술종합학교 등에 무대 디자인학과가 별도로 개설되어 있다. 그곳을 통해 무대 장치에 대한 이해와 제작 기술, 컴퓨터그래픽 등에 이르기까지 폭넓은 지식을 쌓을 수 있다.

조명 디자이너

조명 디자이너는 연극, 무용, 뮤지컬 등의 제작을 위해 조명장치를 설치하고 조절하는 사람이다.

이들은 먼저 무대에 올릴 작품의 내용과 성격, 제작의도 등을 파악한 후, 대본이나 설계도에 따라 조명 감독과 협의하여 조명 계획을 세운다. 그리고 공연 중에는 출연자의 움직임에 따라 조명 설비들을 조작하면서 조도나 시간, 색상 등을 조정한다.

무대 조명은 빛을 이용해서 어떤 사물을 아름답게 보이게 하거나 추상적이고 심리적인 이미지를 표현하는 일이므로, 빛의 구상에 있어서 많은 고민이 필요한 작업이다. 또한 무대 조명은 혼자만의 일이 아니고 공연팀 내의 모든 구성원들과 호흡을 맞추어 표현해야 한다.

조명 디자이너가 되기 위해서는 각 대학의 연극, 영상 관련 학과를 다니는 방법이 있다. 한국예술종합학교 같은 경우는 무대미술과에 조명 디자인의 파트가 독립적으로 개설되어 있다. 또한 개별적으로 공연장에서 직접 배워 조명 디자이너가 될 수도 있다. 자격증 제도로는 국가에서 시행하는 무대미술 검정자격증이 있다. 1급, 2급, 3급으로 나누어져 있으며, 필기와 실기 시험을 보고 있다. 하지만 자격증보다 중요한 것은 꾸준히 조명 감각을 키워나갈 수 있는 개인의 노력과 성실함 및 탐구 자세이다.

사운드 디자이너(음향 감독)

사운드 디자이너는 각종 디지털 장비를 사용하여 녹음과 음향효과, 특수음향 등 공연의 소리 부문을 총괄한다.

이들은 연출 의도에 따라 음향 컨셉을 정하고, 각 장면에 알맞은 배경음악을 틀어주는 업무를 한다. 대개 이들은 공연에 필요한 소리를 실제로 녹음해서 쓰는 경우도 있지만, 많은 부분 컴퓨터 작업을 통해 임의로 만들어서 사용한다. 또한 현실에 존재하지 않는 소리의 경우 상상력을 동원하여 만들어내는 경우도 많다.

이 일을 하기 위해서는 음향 장비들을 설치하고 조작할 수 있는 능력과 그것들을 잘 보관하고 유지할 수 있는 능력이 요구된다. 또한 끊임없이 발전하는 기술 변화에 민감하게 대처하여 새로운 기술을 습득하려는 자세도 필요하다.

사운드 디자이너가 되기 위한 특별한 학력이나 전공의 제한은 없지만, 대학에서 음향 관련 학과를 졸업하는 것이 유리하다. 또 방송아카데미나 전문학원에서 사운드 디자이너가 되기 위한 교육과 훈련을 받을 수도 있다. 그런 다음 현직 사운드 디자이너의 어시스트로 들어가 충분한 현장 경험을 쌓아야 한다.

무대의상 디자이너

무대의상 디자이너는 공연에 필요한 의상을 기획하고 제작하는 사람이다.

이들은 연출자와 협의하여 의상 디자인의 컨셉을 설정하고 출연자들에 맞춰 의상을 만든다. 그리하여 공연할 때 입혀주거나 수선하는 일을 한다.

원래 무대의상이란 배우가 걸치는 모든 것을 말한다. 즉, 극중 인물로서 사용하는 의상뿐만 아니라 악세서리와 머리장식, 얼굴과 몸의 분장까지 포함한다. 그러므로 무대의상 디자이너는 의상을 만드는 기술과 함께 극중 인물들의 특성을 파악할 수 있는 능력이 있어야 한다.

우리나라에서 무대의상을 가르치는 곳은 많지 않다. 그러므로 무대의상 디자이너가 되기 위해서는 대학에서 의상디자인을 전공한 후 현장 경험을 통해 직접 배우는 것이 좋다.

분장사(메이크업 아티스트)

분장사란 방송이나 영화, 연극, 뮤지컬 등에 등장하는 배우들에게 분장을 해주는 사람을 말한다.

이들은 작품의 내용과 인물의 성격에 맞게 배우들을 분장시키는 일을 수행한다. 또한 이들은 단순히 얼굴에 맞는 메이크업을 해주는 데 그치지 않고 의상과 헤어 디자인까지 담당한다.

분장사의 고용은 앞으로도 계속 증가할 것으로 보인다. 특히 오페라나 뮤지컬 등의 공연이 활발해짐에 따라 이들의 활동분야가 더욱 넓어질 것이다. 다만 메이크업을 배우는 사람들이 많아지면서 취업할 때 경쟁이 치열할 것으로 예상된다.

분장사는 메이크업이 전문이지만 실무에서는 헤어디자인과 코디네이션까지 함께 수행하는 경우가 많기 때문에, 가급적 모두 배워두면 취업에 유리하다. 분장사에게 필요한 학력이나 전공의 제한은 없지만, 메이크업이 미술과 관련이 많은 만큼 미술을 전공으로 하면 여러모로 도움이 된다. 또한 사설학원에서 1~2년 정도 관련 지식과 기술을 배운 후에 실무 경력을 쌓으면 좋다.

공연 마케터

공연 마케터는 공연 기획자의 업무 가운데 마케팅 업무를 전문적으로 맡은 사람이다.

이들은 주로 관객을 모으는 일을 한다. 그렇기 때문에 공연 기획자보다 관객들과 한발 더 가까운 곳에 있다고 할 수 있다.

이 일을 하기 위해선 예술성과 상품성을 동시에 판단할 수 있는 안목을 가지고 있어야 한다. 관객들이 어떤 공연을 보고 싶어 하는지, 또 성공한 공연은 어떤 방법으로 관객들을 끌어 들이는지를 분석해서 공연 기획을 하도록 하는 것이다. 나아가 외국어를 잘하면 더욱 유리하다. 요즘 들어 해외로 나가는 공연이 늘고 있고, 반대로 해외 공연도 자주 유치하고 있기 때문이다.

아직까지 국내의 공연 산업의 규모는 미국의 브로드웨이나 영국의 웨스트엔드와 비교하면 초라한 수준이다. 하지만 국민소득이 올라 갈수록 우리의 공연 산업도 빠르게 성장할 것이다. 그럼 공연 마케터의 수요도 더욱 증가할 것이다.

공연 마케터가 되기 위해선 일단 아르바이트나 인턴사원으로 들어가 공연계의 일들을 두루 익힌 뒤, 차츰 자신이 원하는 공연 기획사를 찾아가는 것이 좋다. 그리고 공연계는 공채보다는 수시 채용을 많이 하고 있기 때문에 인맥도 잘 구축해둬야 한다.

하우스 매니저

하우스 매니저는 공연장을 찾는 관객들이 안전하고 편안하게 공연을 관람할 수 있도록 공연장을 관리하고 진행을 책임지는 사람이다.

이들은 공연의 진행에서부터 마무리까지 모두 담당한다. 먼저 공연 전에는 티켓 가격이나 기념품 판매, 인터넷 개시 등을 공연 단체 및 관계자들과 협의하여 결정한다. 또한 포스터와 전단지 등을 공연 일정에 맞추어 배포하고, 안내원이나 매표원, 자원봉사자, 식음료판매원 등의 서비스 교육도 실시한다. 나아가 공연 중에는 관객들의 질서유지와 편의제공, 공연장 시설의 안전과 청결 상태 등을 점검한다.

이 일을 하기 위해선 무엇보다 공연을 좋아하고, 성실함과 서비스 정신, 위급한 순간의 대처능력 등을 두루 갖추고 있어야 한다. 아울러 공연을 폭넓게 이해하기 위해 많은 공연을 관람할 필요가 있으며, 관객들의 심리를 파악할 수 있는 능력도 갖추고 있어야 한다.

날이 갈수록 여가생활에 대한 관심이 증가하고 공연문화가 활성화되면서, 수도권뿐만 아니라 지방에서도 공연장이 많이 만들어지고 있는 추세이다. 또한 고객 서비스에 대한 관심이 높아지면서 하우스 매니저의 수요도 계속 늘어가고 있다.

아직까지 하우스 매니저를 양성하는 전문적인 교육기관은 없고, 대학의 공연 관련 학과, 경영학과, 서비스 관련 학과 등을 졸업하면 그나마 유리하다. 이 일은 결원이 있을 때마다 수시로 채용이 이루어지며, 주로 자원봉사나 아르바이트, 인턴 등으로 활동하다가 발탁되는 경우가 많다. 일단 공연 기획사에서 기획 및 홍보 업무를 통해 경력을 쌓은 뒤, 이 일에 도전하는 것도 하나의 방법이 될 듯하다.

8장

공 연

부산 경성대학교 연극전공

충북 극동대학교 연극연기학과

충북 청주대학교 연극 전공

충남 상명대학교 연극전공

충남 호서대학교 연극학과

ㅡ뮤지컬

경기 경민대학 뮤지컬과

경기 동아방송대학 뮤지컬

경기 청강문화산업대학 뮤지컬과

경기 국제대학 뮤지컬전공

경기 여주대학 뮤지컬전공

경상 대경대학 뮤지컬과

전북 백제예술대학 뮤지컬과

서울 단국대학교 뮤지컬전공

서울 동국대학교 뮤지컬전공

경기 한세대학교 뮤지컬전공

부산 동서대학교 뮤지컬과

대전 목원대학교 뮤지컬전공

ㅡ연극영화

서울 경희대학교 연극영화전공

서울 국민대학교 연극영화전공

서울 한양대학교 연극영화전공

경기 경희대학교 연극영화전공

경기 성결대학교 연극영화전공

인천 인하대학교 연극영화전공

대전 배재대학교 연극영화학전공

대구 계명대학교 연극예술과

충남 순천향대학교 연극영화학전공

충남 중부대학교 연극영화학과

충북 서원대학교 연극영화과

전북 우석대학교 연극영화학과

전북 전주대학교 연극영화전공

전남 명신대학교 연극영화학과

경북 가야대학교 연극영화학과

경북 동양대학교 연극영화과

─공연제작

경기 동아방송대학 공연연출디자인전공

경기 청강문화산업대학 무대디자인기술전공

충북 충청대학 공연제작과

충남 공주영상대학 무대연출과

전북 백제예술대학 퓨전공연예술과

전남 나주대학 무대예술제작전공

전남 동아인재대학 쇼이벤트전공

서울 중앙대학교 공연영상미술전공

경기 명지대학교 뮤지컬공연전공

충남 상명대학교 무대미술전공

충남 중부대학교 미용분장학

경북 한동대학교 공연영상학

─공연(문화) 기획

MBC 방송아카데미

SBS 방송아카데미

드림팩토리 스쿨

한겨레 교육문화센터

다움아카데미

서울종합예술전문학교

한국문화공연예술원

무대예술전문인협회

서울아트스쿨 문화예술원

─음향 공학

한국방송기술인연합회

SBS방송기술인협회

KBS방송기술인협회

YTN방송기술인협회

아리랑방송기술인협회

한국방송영상산업진흥원

8장

삐따기의 공연기획이야기(http://www.backstager.com)

공연전문웹진 OTR(http://www.otr.co.kr)

직업과 자격증 관련 커뮤니티(http://www.winfo.co.kr)

커리어넷(http://www.careernet.re.kr)

인크루트(http://www.incruit.com)

대학내일(www.naeilshot.co.kr)

워크넷(http://www.work.go.kr)

공연포탈싸이트(http://www.otr.co.kr)

매일경제인력팀, 《취업을 위한 자격증 42가지》 매일경제신문사, 1998

한국산업인력공단 중앙고용정보원, 《유망직업 33선》, 2002

김종길, 《밀레니엄전문직업》, 글담, 1999

21세기재테크연구소편, 《이색직업 100가지》, 큰방, 2001

이영대 · 김선태 · 이남철, 《직업세계와 나의 직업찾기》, 교학사, 2007

교육인적자원부, 한국직업능력개발원, 《미래의 직업세계 2003》, 2002

165

교육인적자원부, 한국직업능력개발원, 《2007 미래의 직업세계》, 2006

김세준, 《매직잡》 100k, 2007

김봉석, 《공상이상 직업의 세계》, 한겨레출판, 2006

정창권, 《문화콘텐츠학 강의》(깊이 이해하기), 커뮤니케이션북스, 2007

정창권, 《문화콘텐츠학 강의》(쉽게 개발하기), 커뮤니케이션북스, 2007

권재철, 《2007신생 및 이색직업》, 한국고용정보원, 2006

중앙고용정보원 직업연구팀, 《문화예술 직업전망》, 2005

문 화 콘 텐 츠 직 업 세 계

9

음반

21세기 디지털 시대에선 음반도 잘만 만들면 좋은 콘텐츠가 될 수 있다. 더욱이 음반 콘텐츠는 초기엔 제작비용이 많이 들긴 하지만, 이후로 복제비용이 저렴한 또하나의 고부가가치 산업이다.

요즘 국내의 음반 산업은 극심한 침체기를 겪고 있다. 인터넷을 통한 음악파일의 공유와 MP3의 불법 다운로드 등으로 음반 산업이 최악의 불황을 맞고 있는 것이다. 하지만 앞으로 온라인 음반문제가 해결되고 콘텐츠의 질이 개선된다면, 국내의 음반 산업도 다시금 활력을 찾을 것이다. 실제로 미국의 경우 온라인 음반의 유료화를 통해 새로운 활력을 찾아가고 있다. 그러므로 정부는 온라인 음반문제에 대해 보다 적극적이고 긍정적인 방향으로 정책을 펼칠 필요가 있을 듯하다.

음반 제작과정

단계	기획	창작	녹음	완성	홍보 및 판매
단계	기획자	작사가 작곡가 가수 연주가	녹음기술자 레코딩, 믹싱 엔지니어	재킷 디자이너	홍보담당자 머천다이저 (MD)
주요 내용	기획자	음악창작 연주 노래	녹음 믹싱(가공)	재킷 및 홍보물 제작	홍보 판매

음반 프로듀서(음반 기획자)

음반 프로듀서는 음악에 대한 대중들의 수요와 욕구를 파악하여 새로운 음반을 기획하고 제작하는 사람이다.

음반 프로듀서는 크게 두 가지로 나눌 수 있다. 음반 제작에 필요한 자본을 지원하는 등 제작과 홍보의 모든 작업을 지휘하는 '제작 프로듀서'와, 사운드나 분위기 등 음악적인 부분을 감독하는 '음악 프로듀서'가 바로 그들이다. 제작 프로듀서는 음악 이외의 사업적인 부분을 책임지므로, 보통 음반사나 기획사의 대표가 그 역할을 담당한다. 음악 프로듀서는 음반의 전체적인 콘셉트를 설정한 뒤 그에 적합한 작곡가나 작사가, 편곡자를 섭외하고, 또 콘셉트를 효과적으로 드러낼 수 있도록 녹음과정을 감독한다.

이 일을 하기 위해선 기본적으로 음악에 대한 소질이 있어야 하며, 모든 장르의 음악에 대한 지식을 갖고 있어야 한다. 그리고 음반 산업에 대한 이해와 홍보, 마케팅에 대한 지식도 필요하다.

영화나 공연 등과 마찬가지로 음반 또한 점차 프로듀서의 역할이 매우 중요한 성공의 요소로 인식되고 있다. 근래 성공한 음반 프로듀서인 이수만, 박진영 등을 통해 알 수 있듯이, 그들에 대한 대우나 보수는 가히 상상을 초월할 정도이다. 그러므로 음악적 재능과 경영 마인드를 갖추고 있다면 이 분야에 도전해봐도 좋을 듯하다.

음반 프로듀서가 되는 길은 다양하지만, 대체로 작곡가나 편곡자로서 실력을 인정받거나, 가수로 오랫동안 음악활동을 해온 경우, 또는 음반 시장에서 많은 경험을 쌓은 사람 등이 이 일을 하고 있다.

작곡가

작곡가는 음악을 연주하고 감상하기 위한 악보를 구성하는 사람이다.

이들은 가사의 내용에 따라 음악의 장르를 결정하고, 화음이나 리듬, 멜로디 등을 기초로 하여 자신의 사상과 감정을 악보에 나타낸다. 또한 작곡한 음악을 피아노나 관현악 등으로 연주할 수 있도록 편곡을 하기도 한다.

영화나 방송, 연극, 무용 등에 쓰이는 창작곡의 수요가 날이 갈수록 늘어가고 있으므로, 그것들에 필요한 음악을 작곡하는 작곡가의 수요는 계속 늘어날 것이다. 최근엔 젊고 역량 있는 작곡가도 많이 등장하고 있다.

작곡가가 되기 위해서는 음악대학에 개설된 음악과, 작곡과, 창작음악과, 생활음악과 등에서 이론과 실기를 체계적으로 학습해야 한다. 물론 대학에서 작곡을 전공하지 않더라도 기존의 작곡가가 운영하는 학원 등에서 작곡에 대해 체계적으로 공부함으로써 작곡가로 진출할 수도 있다.

작사가

작사가는 각종 음악작품의 가사를 짓는 사람이다.

이들은 작곡된 음악을 듣고 분위기나 주제에 알맞은 가사를 구상한다. 그런 다음 음악의 종류에 따라 가사를 배열한다. 또한 정리된 가사를 작곡가와 협의하여 수정하기도 한다.

가요에는 부르기 쉽고 사람의 마음을 끌어당기는 인상적인 가사가 필요하다. 작사가는 항상 이런 부분을 염두해 두고 작업을 한다.

이들은 대개 음반을 제작하는 기획사의 오디션을 보거나 자신의 작품을 보내어 평가받는 방법으로 작사가라는 직업의 문을 두드린다. 그리고 오디션에 합격되면 소속사에서 활동하게 되는데, 주로 해당 소속사의 가수가 음반 작업을 할 때 우선적으로 작사를 맡곤 한다. 또한 경력이 쌓이고 재능을 인정받게 되면 프리랜서로 전향할 수도 있다.

작사가가 되기 위한 특별한 학력이나 전공의 제한은 없지만, 대학에서 국어국문학과나 문예창작학과 등을 졸업하면 그나마 유리하다. 다만 작사는 음악적 능력이 어느 정도 기반이 되어 있어야 가능하므로, 악보를 읽고 가사를 붙일 수 있는 정도의 음악적 능력은 필요하다.

가수

가수는 악단 및 녹음된 반주에 맞추어 대중적인 노래를 부르는 사람이다. 솔로로 활동하거나, 듀엣 혹은 여러 명이 팀을 이루어 활동하기도 한다.

이들은 방송국의 공연장이나 기타 콘서트 무대에서 음악에 맞추어 노래를 한다. 또한 영화나 드라마, CF 등으로 활동무대를 넓히기도 하고, 은퇴 후에는 음반 기획자로 진출하여 신인가수를 양성하거나 음반 제작에 참여하기도 한다.

가수가 되는데 학력은 크게 중요하지 않다. 그보다는 음악에 대한 관심과 열정, 가창력 등 기본적인 소질이 있어야 한다. 최근에는 악기 연주나 작사, 작곡 능력까지 겸비한 다재다능한 가수들의 진출도 활발한 편이며, 미디어 시대에 맞추어 외모와 춤 실력도 중요한 요인으로 작용하고 있다.

근래 인터넷을 통한 음악파일 공유 및 MP3 불법 다운로드 등으로 인해 음반산업이 최악의 불황기를 맞고 있다. 단적으로《2005 음악산업백서》에 따르면 국내 음반산업의 규모는 2000년 4천 104억원에서 2004년 1천 338억원으로 지속적으로 하락하고 있으며, 그에 따라 음반제작 자체가 크게 줄어들고 있는 상황이다. 하지만 인터넷이나 모바일을 통한 디지털 음악산업의 급성장, 한류열풍으로 인한 국내 가수의 해외진출 확대, 그리고 새로운 음악에 대한 대중들의 욕구증대 등은 향후 가수들의 활동에 긍정적인 요소로 작용할 듯하다.

가수가 되기 위해서는 예술고등학교나 대학의 실용음악 관련 학과, 사설 교육기관 등을 이수하면 된다. 대학의 실용음악과에서는 드럼, 피아노, 베이스 등의 악기 연주와 작곡, 편곡, 컴퓨터 음악, 보컬 등 폭넓은 교육을 실시한다. 또한 사설 교육기관에서는 호흡과 발성, 보컬훈련 등을 중심으로 교육이 이루어지고 있다.

연예인 매니저

연예인 매니저는 가수 등 연예인의 방송출연과 공연, 인터뷰 같은 일정 관리와 이벤트 기획 등의 업무를 수행하는 사람이다.

이들은 방송국이나 기타 공연단체와 출연일정 및 출연료 등을 협의하고 계약한다. 그리고 지방이나 해외 공연에 따른 교통이나 숙박 등의 세부적인 일정을 수립하고 관리한다. 기타 차량을 운전하여 연예인을 현장까지 이동시키고, 현장에서도 부족한 부분이 있으면 처리를 해준다.

이 일은 가수와의 신뢰를 바탕으로 이루어지므로, 인간적인 교감을 나눌 수 있는 포용력 있는 성격을 지니고 있어야 한다. 또한 사업적인 치밀함과 수완도 필요하고, 무엇보다 협상 능력이 있어야 한다.

날이 갈수록 연예인을 관리하는 매니저의 역할이 증대하고 있고, 연예계에서도 인식이 변화하여 전문지식을 갖춘 매니저를 요구하고 있다. 또한 점차 대형화되고 있는 기획사의 등장으로 매니저의 역할이 분화되어 그 수요가 더욱 증가할 것이다. 그러므로 향후 연예인 매니저의 고용은 증가할 것으로 전망된다.

지금까지 매니저는 주로 친분이나 연고를 통해 일을 시작하는 경우가 많았다. 하지만 요즘은 전문학원을 통해 지식을 습득한 후 연예기획사에 입사하여 매니저로 활동하는 경우가 많아지고 있다.

레코딩, 믹싱 엔지니어

레코딩 엔지니어는 반주와 노래를 녹음하고 믹싱하는 작업을 수행하는 사람이다. 또한 이들은 방송이나 애니메이션의 녹음 과정에도 참여한다.

이 일을 하기 위해 무엇보다 중요한 것은 음악에 대한 열정과 사랑이다. 이 일은 작업의 특성상 밤샘도 많이 하고 며칠씩 똑같은 음악에 매달려야 하는 일도 다반사다. 그러므로 정말 음악에 대한 애정과 긍지가 없다면 하기 힘든 일이다.

최근 대중음악은 단순한 선율로 이루어진 음악보다는, 화려하고 복잡한 음들이 서로 섞이는 것을 추구하고 있다. 이런 상황에서 레코딩 엔지니어의 역할은 자연스럽게 부각될 수밖에 없을 것이다.

레코딩 엔지니어가 되기 위해선 사설학원에서 일정 기간의 교육을 받거나 직접 스튜디오에서 실무를 쌓아야 한다. 여러 가지 전문 기기를 다루어야 하므로 음악 전공자만이 아니라 전자공학을 전공한 사람들도 많이 진출하고 있다.

녹음 기술자

녹음 기술자는 방송국이나 기타 녹음 스튜디오에서 다양한 음원들을 조절하여 하나의 음반을 완성시키는 사람이다.

이들은 레코딩과 믹싱 작업을 비롯해서 어쿠스틱 사운드에 대한 방향 결정, 보컬의 음색에 맞는 음원 결정, MR 및 사운드 이펙트 결정 등과 같은 작업을 한다.

녹음 기술자는 음반 제작에 있어서 매우 중요한 역할을 맡고 있기 때문에, 그들에 대한 대우와 보수 또한 좋은 편이다. 심지어는 녹음 기술자의 컨디션이 음반의 질을 결정한다고 말할 정도로 그들의 역할을 중요하게 여기고 있다.

최근에는 대학의 방송음악과, 다중매체학과 등에서 녹음 기술자를 배출하고 있다. 하지만 이 일은 각종 음향기기에 대한 전문적인 기술을 필요로 하기 때문에, 미리 충분한 전문지식을 습득하는 과정이 매우 중요하다.

음반 자켓 디자이너

음반 자켓 디자이너는 음반의 자켓 및 홍보물에 들어갈 내용물을 디자인하거나 카피를 제작하는 사람이다.

이들은 음반의 자켓 및 홍보물의 컨셉을 음반 기획자와 협의하여 결정한다. 그런 다음 음반의 배경과 캐릭터, 이미지 등을 디자인하거나 카피를 제작한다. 또한 사진작가나 그래픽디자이너와 협의하여 자켓의 컨셉에 맞는 도안이나 사진을 촬영하고, 마지막으로 결과물을 산출해낸다.

이 일은 대학에서 디자인 관련 학과를 전공하면 유리하고, 특히 컴퓨터그래픽에 대한 전문적 기술을 습득해야 한다. 또한 음반 산업에 대한 기초적인 지식을 습득하는 과정이 반드시 필요하다.

음반의 표지는 그 음반의 특성을 한눈에 보여주는 상징과도 같다. 음반 자켓 디자인이 좋으면 무명 가수의 음반이라도 호기심이 생겨서 한번 더 들여다보게 되는 것이다. 이처럼 음반 자켓의 디자인이 음반의 상품성을 제고하는데 크게 기여한다는 판단에 따라 이들에 대한 중요성이 갈수록 부각되고 있다.

음반 자켓 디자이너가 되기 위해선 디자인에 대한 기본적 능력이 있어야 하고, 입사 후에도 2~3년 정도의 숙련 기간이 필요하다. 이 기간 동안 그들은 음반산업에 대한 전체적인 이해뿐 아니라 디자인 작업에 대한 전문적 지식을 습득하게 된다. 음반 자켓 디자이너는 향후 캐릭터 디자이너, 그래픽 디자이너, 북 디자이너, 애니메이션그래픽 디자이너 등으로의 이직이 가능하다.

음반 머천다이저(MD)

음반 머천다이저는 음반시장에서도 온라인을 중심으로 활동하는 사람이다.

이들은 국내 음반사의 거래처 관리를 비롯해서 웹 사이트의 콘텐츠 기획과 음반 배치 등의 업무까지 수행한다. 이 일은 단순히 음악을 좋아하는 차원을 넘어서 음반의 기획력과 영업력, 정보수집능력 등 유통마인드까지 갖추고 있어야 한다. 또한 활동적인 성격과 함께 전자상거래에 대한 지식도 필요하다.

근래 음반 산업의 장기침체로 인해 전체 음반시장이 축소되는 경향이 있지만, 음악이 존재하는 한 음반의 수요는 계속될 것이다. 그리고 머천다이저라는 직업이 갈수록 전문화되고 있으므로, 향후 전망은 비교적 밝은 편이다.

음반 홍보담당자

음반 홍보담당자는 음반 제작사나 창작자에게 음원을 제공받아 다양한 매체를 통해 홍보하는 일을 담당한다.

이들은 음반 제작사나 창작자와 협의한 후 홍보용 음악을 선정하여, 각종 매체를 통해 음반을 홍보한다.

음반 홍보담당자가 되기 위해서는 먼저 음반 홍보를 대행하는 전문회사에 들어가 일정 기간의 숙련 과정을 거칠 필요가 있다. 이들은 나중에 일반 기업의 마케팅담당자나 영화, 공연 등의 홍보담당자로도 이직이 가능하다.

뮤직비디오 감독

뮤직비디오 감독은 뮤직비디오의 제작을 총괄하는 사람이다.

이들은 가수가 발표한 음반의 이미지에 맞는 영상을 기획하고, 직접 촬영 및 편집해서 뮤직비디오를 제작하는 일을 한다. 이들은 활동시간을 비교적 자유롭게 조절할 수 있으나, 매번 창의적인 영상을 보여주어야 한다는 부담감 때문에 스트레스를 많이 받는 편이다.

이 일을 하기 위해선 음악적 감수성이 있어야 하고, 미적 감각이나 일의 추진력도 있어야 한다. 또한 영상을 통해 새로운 것을 보여줄 수 있는 창의적인 아이디어와 능력도 있어야 한다.

대중음악에서 비주얼적 요소가 강조되기 시작하면서 뮤직비디오가 음반 홍보에서 매우 중요한 부분이 되고 있다. 또한 케이블 TV의 음악 프로그램이 활성화되면서 새롭고 참신한 뮤직비디오에 대한 욕구가 점점 높아지고 있다. 이에 따라 창의적인 능력을 갖춘 뮤직비디오 감독의 수요가 계속 증가할 전망이다.

뮤직비디오를 만들려면 음악과 영상미에 대한 감각이 있어야 하기 때문에, 영화감독이나 CF감독 출신들이 본업과 함께 이 일을 하는 경우가 많다. 대개 뮤직비디오 감독들은 연극영화과 뿐 아니라 국문과나 영문과, 미대 등 영상과 무관한 전공자도 많기 때문에, 전공의 중요성은 상대적으로 크지 않다. 하지만 현장 경험을 우선시하는 분위기가 강하기 때문에 되도록 실무적인 일들을 많이 해보는 것이 좋다. 뮤직비디오 촬영 현장에서 아르바이트나 인턴제로 일을 해보는 것도 향후 취업하는데 도움이 될 것이다.

9장

178

인천 재능대학 생활음악과

대전 우송정보대학 실용음악

대구 계명문화대학 생활음악과

충북 주성대학 실용음악과

충남 공주영상대학 실용음악과

전북 백제예술대학 실용음악과

전북 서해대학 실용음악과

전남 성화대학 실용음악전공

전남 전남도립남도대학 실용음악과

경북 성덕대학 실용음악전공

경남 창원전문대학 실용음악과

서울 경기대학교 전자디지털음악전공

서울 경희대학교 포스트모던음악

서울 동덕여자대학교 실용음악과

경기 경희대학교 포스트모던음악

경기 평택대학교 실용음악학전공

대전 목원대학교 재즈전공

대구 계명대학교 뮤직프로덕션과

광주 광주대학교 실용음악보컬

강원 관동대학교 미디작곡, 보컬뮤지컬

충남 단국대학교 생활음악과

충남 백석대학교 컴퓨터음악

충남 중부대학교 실용음악학과

충남 한서대학교 영상음악과

전북 예원예술대학교 실용음악전공

전북 호원대학교 보컬전공, 연주전공

전남 대불대학교 실용음악학과

전남 동신대학교 실용음악학과

경북 대구예술대학교 실용음악전공

─문화예술마케팅학과

경기 국제대학 연예매니지먼트과

대전 혜천대학 연애매니지먼트과

광주 송원대학 엔터테인먼트

전라 백제예술대학 연예매니지먼트과

경상 구미1대학 연애매니지먼트과

경상 대경대학 연애매니지먼트

MBC 방송아카데미

SBS 방송아카데미

대중음악아카데미

서울재즈아카데미

다움아카데미

서울공연예술전문학교

9장

직업과 자격증 관련 커뮤니티(http://www.winfo.co.kr)

커리어넷(http://www.careernet.re.kr)

인크루트(http://www.incruit.com)

대학내일(www.naeilshot.co.kr)

워크넷(http://www.work.go.kr)

매일경제인력팀, 《취업을 위한 자격증 42가지》매일경제신문사, 1998

한국산업인력공단 중앙고용정보원, 《유망직업 33선》, 2002

김종길, 《밀레니엄전문직업》, 글담, 1999

21세기재테크연구소편, 《이색직업 100가지》, 큰방, 2001

교육인적자원부, 한국직업능력개발원, 《미래의 직업세계 2003》, 2002

교육인적자원부, 한국직업능력개발원, 《2007 미래의 직업세계》, 2006

김봉석, 《공상이상 직업의 세계》, 한겨레출판, 2007

김세준, 《매직잡》100k, 2007

정창권, 《문화콘텐츠학 강의》(깊이 이해하기), 커뮤니케이션북스, 2007

음 반

전시

전시는 다양한 정보를 통해 관람자에게 어떤 메시지를 전달하려는 것이다. 특히 전시는 시각이나 청각, 후각, 촉각, 미각 등 오감을 자극함으로써, 그 효과가 더욱 강렬하고 오래간다는 특징이 있다. 또한 최근 전시는 하나의 테마를 설정하여 이야기를 만들고, 그 이야기에 따라 전시물을 배치하는 추세이다.

전시의 구성은 크게 작품과 전시조직, 전시장, 관객 등 네 가지의 요소로 이루어져 있다. 그리고 전시의 종류는 목적과 성격, 규모 등에 따라 다양하게 분류할 수 있지만, 대체로 테마전을 비롯해서 박물관, 미술관, 산업전, 박람회 전시 등이 있다.

전시 제작과정

단계	기획	창작	녹음	완성	홍보 및 판매
단계	큐레이터, 전시코디네이터	큐레이터 전시 코디네이터	큐레이터 전시 코디네이터	큐레이터 미술품 보존 전문가 문화재보존 전문가	큐레이터
주요 내용	주제설정 자료수집과 정리 전시규모와작품. 시기, 입장료, 결정	후원과 협찬 및 작품 대여 전시장 계약 보험 가입 작품 수집과 운송, 보관 포스터와 카달로그, 전단지, 초대장 입장권 제작	전시진열 (공간구성, 관람동선, 전시보조물, 작품설치, 전시조명)	개막행사 입장권판매 인력관리 작품관리 홍보관리 영수증 및 자료관리 전시철거 및 반출 정산	관객분석 입장료분석 예산수지 분석 홍보분석 기타

화가

붓이나 물감, 먹물 등을 사용하여 풍경화, 인물화, 정물화, 추상화 등의 예술작품을 창작하는 사람이다. 그리는 그림에 따라 크게 한국화가(동양화가)와 서양화가로 나뉘며, 기법에 따라 어떤 대상을 구체적으로 표현하는 구상화가와 정해진 형식을 따르지 않고 작가의 의식을 표현하는 추상화가로 나뉜다.

화가들은 먼저 작품의 구도를 구상하고 유채와 수채, 연필, 파스텔, 잉크 등의 그림 재료를 선택한다. 그리고 캔버스와 나무판, 종이 등의 표면에 작품의 윤곽을 미리 소묘한다. 그런 다음 원하는 그림의 효과를 얻기 위하여 선, 공간, 크기, 색채, 원근, 농담 등의 시각적 요소를 활용하여 그림을 그린다. 끝으로 접착제나 방부제를 사용하여 완성된 작품을 보호하고, 개인전 혹은 단체전을 개최한다.

미술작품은 단순한 시각적 즐거움이나 눈요기 거리 및 장식물이 아니라, 삶의 가치와 질, 더 나아가 정신적 풍요로움을 가져다주기도 한다. 그러므로 향후에도 사람들의 정서적인 욕구를 충족시켜줄 미술작품은 더욱 필요하게 되어, 이들의 활동영역도 더욱 넓어질 것이다. 하지만 미술시장은 공급자에 비해 수요자가 제한되어 있다는 단점이 있다. 즉, 미술가에 비해 미술 애호가의 숫자가 절대적으로 부족하다는 것이다. 한데, 최근 국내 화랑들이 인터넷 홈페이지를 만드는 등 일반인들에게 다가가려는 노력을 기울이기 시작하였고, 웹을 이용한 잡지 혹은 전문지들이 등장하여 네티즌들 속으로 파고들고 있다. 미술시장이 일반인들에게 다가가기 위한 이러한 노력들이 성공적인 결과를 가져오고, 전근대적인 미술시장의 유통구조가 개선되고 합리적인 가격으로 거래할 수 있는 방법이 제출된다면, 앞으로 미술시장은 훨씬 더 활성화될 것으로 보인다.

일반적으로 화가가 되려면 미술학원이나 화실에서의 수강을 거쳐 미술대학에 들어가곤 한다. 대학 및 대학교에는 대부분 미술대학 안에 동양화, 서양화로 전공을 세분하여 개설하고 있다. 그리고 정규 교육과정을 거치지 않고 스스로 습작을 통해 일정한 경지에 올라 공모전에 입상하여 화가의 길을 걷는 사람도 있다.

조각가

조각가는 목재나 석재, 진흙, 금속 등의 재료를 사용하여 입체적인 조각 작품을 창작하는 사람이다. 조각은 예술적인 목적을 위한 것에서부터 상업적이고 실용적인 목적을 위한 것에 이르기까지 매우 다양하다.

요즘 조각 작품은 미술관이나 화랑 등에서만 전시되는 것이 아니라, 우리 생활 주변의 곳곳에 나타나고 있다. 도심의 거리와 광장, 공공장소와 개인공간 등에 조각품이 자연스럽게 설치되고 있다. 독특하고 개성적인 형상을 만드는 조각가들은 새로운 유행을 창조하기도 하고, 사람들을 감동시켜 생활과 의식을 바꿔나가기도 한다. 이처럼 사람들의 정서적인 욕구를 충족시키는 예술품의 기능이 필요하게 되어, 향후 조각가의 활동 영역은 더욱 넓어질 것이다.

보통 조각가가 되려면 미술학원이나 화실에서 공부한 뒤, 미술대학의 조각관련 학과에 들어가 구성, 조소, 소묘, 해부학, 조형론 등에 대한 예술적 조예를 쌓아가는 것이 일반적인 경로이다.

서예가는 붓과 먹물을 사용하여 화선지에다 특정한 필법으로 글씨를 쓰거나 사군자를 그린다.

이들은 먼저 작품에 필요한 글귀를 선정하고, 전서나 초서, 예서 등의 필법으로 글씨를 쓰거나 사군자를 그린다. 또한 완성된 작품에 대해서는 표구를 의뢰하기도 하고 전시회를 개최하기도 한다.

서예가가 되기 위해서는 미술대학에 있는 서예과에 진학하거나, 정규 교육을 받지 않고 개인적으로 공부하여 서예 공모전에 입상한 뒤 서예가의 길로 들어서는 방법도 있다. 미술대학의 서예과에서는 기초 서예를 비롯하여 중국서예사나 한국서예사 등을 공부하며, 자신의 필체를 개발하고 표현할 수 있도록 가르친다. 그와 함께 학생시절부터 각종 공모전에 참가하여 작품과 입상 경력을 쌓아두면 서예가가 되는데 유리하다. 최근 서예가들은 붓글씨를 문자디자인에 응용하여 문자그래픽이나 컴퓨터디자인 등의 분야에서 일하기도 한다.

187

큐레이터

큐레이터는 박물관이나 미술관에서 관람객을 위해 전시회를 기획하고 작품의 수집 및 관리를 담당하는 사람이다.

박물관 큐레이터는 박물관에 보관 중인 각종 실물이나 표본, 사료, 문헌 등을 수집, 정리, 보존하고 전시회 개최를 준비한다. 미술관 큐레이터는 미술 관련 예술품의 전시회를 개최하는데, 일반적으로 작품 선정과 수집이 끝나면 미술관의 공간과 작품 수량, 주제를 고려하여 작품을 진열한다.

큐레이터가 되기 위해서는 무엇보다 예술적인 안목이 필요하고, 신선한 기획을 할 수 있는 창의력과 혁신적인 사고가 요구된다. 또한 주의 깊은 관찰력과 탐구 자세를 갖고 있어야 하며, 다양한 나라권의 역사, 생활양식, 언어, 예술 등 문화 전반에 대한 관심이 많아야 한다. 나아가 전시기획을 담당하는 만큼 이벤트적인 역량도 필요하고, 해외 미술관이나 작가들과의 원활한 의사소통을 위해 외국어 실력도 갖추고 있어야 한다.

향후 10년간 큐레이터의 고용은 다소 증가할 것으로 전망된다. 생활수준이 향상됨에 따라 문화예술에 대해 관심을 갖는 사람들이 늘어나고, 전시도 점차 대형화, 다양화되어 가고 있기 때문이다. 또한 큐레이터의 활동영역도 미술관이나 박물관뿐 아니라 사이버 공간까지 확대되고 있으며, 지방자치제의 활성화로 지역 특성에 맞는 미술관, 특히 전문분야의 박물관 등이 많아지면서 큐레이터의 고용은 다소 증가할 것으로 보인다.

현재 국내에서 활약하는 큐레이터들은 대부분 미술이나 미술사학 분야의 전공자들이 주를 이루고 있다. 특히 서울대, 이화여대, 홍익대, 숙명여대, 성신여대, 영남대 등의 대학원에는 미술사학이나 미학 관련 교육과정이 마련되어 있다. 그러나 점차 일부 대학과 대학원에서 독립적인 큐레이터학과를 설치하고 있다. 중앙대가 1997년부터 예술대학원에 미술관학 전문연구과정을 설치했고, 숙명여대 대학원이나 동덕여대 등에서도 큐레이터학과를 설치했다. 또한 한국박물관협회에서 학예사 자격증 소지자와 박물관, 미술관 근무자 등을 대상으로 학예사 기본 소양교육 및 전문교육 프로그램을 운영하고 있다.

전시 코디네이터

　전시 코디네이터는 갤러리나 기업의 홍보 부스에 대한 전시 콘셉트를 기획하고, 그에 따른 연중 계획을 세워 전시를 유치하는 업무를 한다.

　이들은 광고 인쇄물을 직접 디자인하거나 원고를 작성하고, 전시장 내의 인테리어와 작품 표구, 디스플레이 계획 등 소소한 일까지 모두 챙겨야 한다. 즉, 전시 개최를 위한 전시장의 틀 마련에서부터 전시 부스의 디자인과 설치, 나아가 전시장이 오픈하기까지 필요한 실질적인 업무를 담당하는 셈이다.

　이 일을 하기 위해서는 작품에 대한 전문성과 작가들과 소통할 수 있는 열린 자세가 필요하다. 또한 업무의 범위가 워낙 방대하기 때문에 종종 석사 이상의 전문가를 원하는 경우도 있고, 외국 작가들과의 커뮤니케이션이 중요하기 때문에 외국어 능력도 갖추고 있어야 한다. 기타 해당 분야의 트랜드와 이슈에도 민감하게 반응할 수 있는 순발력도 필요하다.

　날이 갈수록 문화시장이 개방되고 국민들의 문화수준도 높아짐에 따라, 앞으로 우리나라 문화예술계의 미래는 대단히 밝은 편이다. 그에 따라 전시 코디네이터라는 새로운 직업에 대한 수요가 점차 확대되고 있다. 게다가 우리나라의 많은 기업들이 국제적으로 유명한 독일 하노버 박람회나 미국 라스베가스 컴덱스 등에 참가하여 전 세계 바이어들에게 한국 기업의 부스를 홍보하고 있지만, 이와 관련된 전시를 전문적으로 기획하고 담당할 코디네이터는 아직도 부족한 실정이다.

　전시 코디네이터가 되는 길은 명확히 정해져 있지 않다. 현재 학예사 자격증이 있긴 하지만 실용성에 대한 논란이 계속되고 있다. 전시 코디네이터는 정기적인 공채 형태로 신규인력을 채용하지 않기 때문에 항상 채용 정보에 관심을 가지고 있어야 한다. 최근에는 전시 코디네이터 양성 과정을 운영하는 학원 등도 생겨나 각종 교육 프로그램을 제공하고 있다.

학예연구관

학예연구관은 일종의 큐레이터라고 할 수 있으나, 훨씬 더 전문성이 요구된다.

이들은 주로 국립현대미술관이나 국립국악원, 국립중앙박물관 등에서 활동하고 있다. 국립현대미술관과 국립국악원의 학예연구관은 각각 현대미술과 우리의 고전 음악 및 악기 등을 전문적으로 다룬다. 이에 비해 국립중앙박물관의 학예연구관은 토기나 그림 등 우리나라 문화재를 발굴, 정리, 연구, 교육하는 업무를 담당한다.

일반적으로 학예연구사를 일정기간 거치면 학예연구관의 시험자격을 준다. 그 후로 경력에 따라 부장과 실장을 맡게 된다. 학예연구사는 별도의 채용시험을 통해 뽑는 연구직 공무원이다. 학예연구사는 6급 공무원 정도의 대우를 받으며, 학예연구관은 사무관 이상의 대우를 받고 있다.

학예연구관이 되기 위해선 역사학과나 고고학과, 미술사학과, 문화인류학과 등 관련 학과를 졸업해야 한다. 또 박물관에서 유물 관리나 정리 보조 등으로 1년 이상 근무했거나, 유물 발굴현장에서 1년 이상 참여한 경력이 있으면 시험자격을 준다.

박물관장

　박물관장은 각종 유물을 발굴, 복원, 전시하는 박물관 직원들의 활동을 감독, 조정하는 사람이다.

　이들은 박물관에 보관된 유물의 종류나 수량을 점검하고, 전시 계획을 조정하며, 또 박물관 직원들을 채용하고 훈련시킨다.

　앞으로도 박물관의 수요는 계속 증가할 것으로 전망된다. 정부에서 박물관 건립을 장려하고, 국민들의 문화재 보존과 감상에 대한 인식이 높아지고 있어서, 박물관의 수는 꾸준히 증가할 것으로 보인다.

미술관장

　미술관장은 각종 미술작품을 수집, 보관, 전시하는 미술관 직원들의 활동을 감독, 조정하는 사람이다.

　이들도 역시 위의 박물관장처럼 해당 미술관에 보관되어 있는 유화나 수채화 등 미술작품의 수량과 종류를 점검하고, 전시 계획을 조정하며, 또 미술관 직원들을 채용하고 훈련시킨다.

　정부에서 미술관의 설립을 장려하고 있어서, 향후 미술관의 수도 꾸준히 증가할 것으로 보인다.

문화재보존전문가

문화재보존전문가는 궁궐이나 사찰, 미술관, 박물관 등에서 유물을 관리하거나 파손된 부분을 복원하는 업무를 담당하는 사람이다. 한마디로 이들은 문화재의 '치료사' 혹은 '의사'라고 할 수 있다.

이들은 먼저 유물이 발견되면 현장을 방문하여 흙과 함께 떠오는 등의 방법으로 유물을 최대한 있는 그대로 보존하여 운반한다. 그런 다음 운반해온 유물을 세척하고, 사진과 X-ray촬영 같은 조사로 유물의 손상정도나 내부구조를 확인한다. 또한 해당 분야의 전문가가 더 이상 손상되지 않게 안정화나 강화 처리를 하고, 복원이 필요한 경우에는 유물의 제작기법이나 본래의 형상을 조사하여 복원한다. 이렇게 해서 보존처리가 끝난 유물은 온도와 습도 등을 고려하여 수장고(유물보관창고)에서 보관한다. 이밖에도 그들은 새로운 보존처리 기술이나 보수재료 개발 같은 연구를 꾸준히 수행한다.

이 일을 하기 위해서는 무엇보다 역사를 있는 그대로 보존하겠다는 강한 의지와 성실함이 있어야 한다. 또한 유물의 상태를 점검하고 보존하기 위해서는 기초과학에 대한 지식이 있어야 하며, 예술이나 역사에 대한 관심도 많아야 한다.

국민들의 의식수준이 향상되고 보다 여유로운 생활을 추구하게 되면서, 박물관이나 전시관 등을 찾는 이들이 크게 증가하고 있다. 또한 문화재의 소중함을 인식하게 되면서, 최근 사회 곳곳에 문화재보존의 필요성에 대한 목소리가 커지고 있다. 이러한 사회의 흐름은 문화재보존전문가의 고용에 긍정적인 영향을 미칠 것으로 보인다.

문화재보존전문가는 대학이나 대학원에서 관련 분야를 전공한 뒤, 학교의 부설연구소나 관련 업체에서 근무하며 경력을 쌓아나가야 한다. 처음에는 보조원으로 경력을 쌓고, 5년 정도가 지나면 직접 하나의 작품을 맡아서 작업할 수 있다. 최근에는 대학에 문화재보존학과가 개설되어 있어서 이 분야의 전문적인 졸업생들이 배출되고 있다. 하지만 날이 갈수록 업무가 전문화되면서 석사 이상의 학력을 요구하고 있는 추세이다.

골동품 딜러

골동품 딜러는 예술품이나 가구, 보석, 책, 양탄자, 의류 등 시간이 지나도 그 가치가 변함이 없는 물건인 골동품을 사고파는 사람이다.

이 일을 하기 위해서는 많은 골동품을 접해보고 역사에 대해서도 깊이 있게 공부하는 것이 필요하다. 또한 가장 중요한 물건의 가격을 결정할 수 있는 능력도 갖고 있어야 한다. 즉, 골동품 딜러는 유물의 가치에 대한 해박한 지식뿐만 아니라 가격 책정의 능력도 갖고 있어야 한다.

골동품 딜러는 미술사나 역사, 경영학 등 다양한 경로를 통해 진출할 수 있다. 하지만 대부분의 골동품 딜러는 경매상이나 유명한 골동품 상점에서 수습사원으로 일하면서 배우고 있다.

예술품 딜러

예술품 딜러는 신인작가를 발굴하거나 유명작가의 작품을 수집가 및 미술관에 연결시켜 주는 사람이다.

예술품 딜러가 되려는 사람은 우선 예술에 대한 열정이 있어야 한다. 그리고 뛰어난 신인작가들을 발굴해내고, 그들이 키운 작가들의 작품을 수집가나 미술관에 원활하게 연결시켜 줄 수 있어야 한다.

예술품 딜러는 일의 즐거움과 많은 보수를 받을 가능성이 있지만, 그만큼 위험이 따르는 일이다. 왜냐하면 예술품 시장은 매우 불안정하며, 경제여건에 따라 변화가 심하기 때문이다.

예술품 딜러가 되기 위해선 예술이나 역사에 대해 충분히 공부해야 한다. 그리고 자신의 갤러리가 생기기 전까지는 다른 갤러리에서 일하면서 많은 고객들 및 예술가들과 얼굴을 익히는 것이 중요하다. 물론 미술관에서 큐레이터로 일하거나 경매상에서 일하다가 예술품 딜러로 전향하는 사람들도 있다.

갤러리 아트디렉터

갤러리 아트 디렉터는 갤러리의 모든 살림을 도맡아하는 사람이다.

갤러리는 미술품을 전시할 뿐 아니라 팔기도 하는 상업적인 목적도 가지고 있기 때문에, 갤러리의 관장 외에도 여러 가지 실무를 담당할 아트 디렉터가 필요하다.

아트 디렉터는 일단 미술품에 대한 조예가 있어야 한다. 미술품에 대한 조예가 없이 갤러리에서 일하는 것은 거의 불가능하다. 다음으로 지금의 문화와 시대를 뛰어넘을 수 있는 기획력이 필요하다. 미술 전시회는 보통 1~2년 전부터 기획하고 준비하는데, 전시회가 열릴 시기에 어떤 문화가 유행할지 예측할 수 있어야 한다는 것이다. 또한 관객과 외국 바이어를 상대할 수 있는 사교성이 있어야 하고, 좋은 언변과 더불어 유창한 외국어 실력도 필요하다.

지금까지 우리나라는 경제 성장과 같은 외적인 발전에만 치중해왔지,

문화와 예술적 감각 같은 내적인 발전에는 소홀하였다. 앞으로는 문화와 예술 산업의 급격한 성장이 기대되기 때문에, 이들과 관련된 아트 디렉터의 전망은 상당히 밝다고 하겠다.

아트 디렉터의 역사가 비교적 짧아서인지, 이에 대한 체계적인 교육과정은 아직까지 미흡한 실정이다. 그러므로 일단 미술품에 대한 지식을 쌓은 후 갤러리의 인턴이나 보조 큐레이터로 들어가서 실무를 익혀야 한다. 이후 다양한 경험을 하면서 실력을 쌓다보면, 어느새 아트 디렉터로서의 자질을 갖추고 있을 것이다.

배움터

강원 강원대학교 미술학과

강원 관동대학교 미술과

충북 충북대학교 미술과

전북 군산대학교 미술디자인학과

전북 전북대학교 미술학과

전남 목포대학교 미술학과

전남 한려대학교 미술학과

경북 대구예술대학교 한국미술컨텐츠전공

경북 동국대학교 미술학과

경북 안동대학교 미술학과

경남 창원대학교 미술학과

제주 제주대학교 미술학과

-고고(미술)학과

서울 서울대학교 고고미술사학과

부산 동아대학교 고고미술사학전공

부산 부산대학교 고고학과

대전 충남대학교 고고학과

대구 경북대학교 고고인류학과

충북 충북대학교 고고미술사학과

충남 고려대학교 고고미술사학과

전북 원광대학교 고고미술사학전공

전북 전북대학교 고고문화인류학과

전남 목포대학교 고고학전공

경북 동국대학교 고고미술사학전공

경남 인제대학교 역사고고학과

-예술학과

서울 덕성여자대학교 미술사

서울 명지대학교 미술사학과

서울 서울대학교 미학과

서울 한국디지털대학교 문화예술학과

서울 홍익대학교 예술학과

부산 부산대학교 예술문화영상학과

대전 한남대학교 예술문화학과

광주 조선대학교 미학미술사전공

-전시관련학과

서울 동덕여자대학교 큐레이터과

경기 계원조형예술대학 전시디자인과

경기 경기대학교 미술경영학

국립중앙박물관

국립현대미술관

한국문화예술위원회

한국전시산업연구소

한국미술이론학회

한국미술협회

한국조각가협회

10장

직업과 자격증 관련 커뮤니티(http://www.winfo.co.kr)

커리어넷(http://www.careernet.re.kr)

인크루트(http://www.incruit.com)

대학내일(www.naeilshot.co.kr)

워크넷(http://www.work.go.kr)

매일경제인력팀, 《취업을 위한 자격증 42가지》 매일경제신문사, 1998

한국산업인력공단 중앙고용정보원, 《유망직업 33선》, 2002

김종길, 《밀레니엄전문직업》, 글담, 1999

21세기재테크연구소편, 《이색직업 100가지》, 큰방, 2001

이영대 · 김선태 · 이남철, 《직업세계와 나의 직업찾기》, 교학사, 2007

교육인적자원부, 한국직업능력개발원, 《미래의 직업세계 2003》, 2002

교육인적자원부, 한국직업능력개발원, 《2007 미래의 직업세계》, 2006

김봉석, 《공상이상 직업의 세계》, 한겨레출판, 2006

박우찬, 《전시, 이렇게 만든다》, 도서출판 재원, 1998

서민교 · 김돈규 공저, 《전시마케팅》, 한울출판사, 2004

김세준, 《매직잡》 100k, 2007

200

11

행사

한국 문화콘텐츠의 특징 중 하나는 몇몇 인기 있는 분야들 위주로만 발전한다는 것이다. 예를 들어 요즘 뜨고 있는 영화나 방송, 게임 등에 관심이 많고, 그렇지 않은 출판이나 만화, 전시, 축제, 에듀테인먼트 등은 별반 관심을 두지 않는다.

특히 축제, 이벤트, 컨벤션 등 행사 관련 분야는 날이 갈수록 수요가 늘어나고 부가가치가 높은 분야임에도, 아직까지 크게 주목받지 못하고 있다. 물론 그 만큼 가능성이 많은 분야요, 새롭게 도전해볼만한 분야일 것이다.

이벤트 제작과정

단계	기획	실행	실시	사후관리
담당자	기획자	기획자 연출자	연출자 운영 스텝	기획자
주요 내용	시장조사 목표설정 기본계획 (목적, 행사시 기와 일정 및 장소, 조직, 대 상, 형식, 운영 방법, 예산)	실행계획 (개요, 행사장, 행사진행, 홍보, 예산, 운영)	설치 및 운영 철거	데이터 정리 보고서 작성

이벤트는 판매증진이나 기업이미지 제고를 위한 기업체 이벤트, 지역 경제의 활성화를 목적으로 한 지역축제, 올림픽이나 월드컵 같은 세계적 규모의 스포츠 대회 등 그 목적과 규모에 따라 여러 가지 형태가 있는데, 이를 기획하는 사람을 이벤트 기획자라 한다.

이들은 단지 기획 업무에만 국한되는 것이 아니라, 시장 조사에 의한 행사 계획의 수립, 출연자나 연출자, 기술자, 광고주 등의 섭외와 관리, 행사 결과의 분석과 평가 등 이벤트의 전 과정을 총괄한다.

이 일을 하기 위해선 이벤트에 대한 관심과 애정은 기본이고, 이와 유사한 업계인 무대공연이나 길거리 행사 등에서 다양한 실무경험을 해보는 것이 중요하다. 또한 기발한 아이디어와 치밀하고 예리한 기획력이 있어야 하며, 무대 장치나 조명, 음향 등에 대한 기술도 필요하다. 기타 광고주를 설득하기 위한 영업적 마인드, 프리젠테이션 능력, 효과적인 커뮤니케이션 능력 등도 갖고 있어야 한다.

현재 이벤트 시장은 급속하게 성장하고 있다. 정부기관이나 공공단체에서는 공익적인 측면에서 이벤트를 추진하는 사례를 더욱 늘리고 있다. 기업들 역시 광고와 마케팅 수단으로 이벤트를 적극적으로 활용하고 있다. TV나 신문 등의 간접적인 광고와는 달리, 이벤트는 기업이 타깃으로 잡은 특정 집단을 대상으로 직접적인 광고와 마케팅을 할 수 있기 때문이다. 이에 따라 향후 이벤트 기획자의 위상은 더욱 높아지고, 그 수요도 계속해서 증가할 것으로 예상된다.

보통 이벤트 기획자가 되면 이벤트 전문기업, 광고회사, 마케팅회사 등에서 일할 수 있다. 그리고 7~8년 정도 현장에서 풍부한 경험을 쌓으면 프리랜서로도 활동할 수 있다. 현재 제일기획, 금강기획, 대흥기획 LG애드 등 광고대행사들이 이벤트 대행부서를 두고 있으며, 이벤트를 전문으로 하는 회사도 백여 개 이상인 것으로 집계되고 있다.

이벤트 기획자가 되기 위해선 이벤트 관련 학과나 기타 연극영화과, 방송학과, 광고학과 등을 전공하면 유리하다. 요즘은 이벤트 관련 전문 학원도 많이 생기고 있는 추세이다. 이 직업과 관련된 자격증으로는 한국산업인력공단에서 주관하는 컨벤션 기획사 자격증이 있고, 이벤트 프로듀서, 이벤트 플래너, 이벤트 디렉터 등과 같은 민간 자격증이 있다.

컨벤션 기획사

컨벤션 기획사란 국제회의의 기획에서부터 유치, 관리, 평가 등 모든 업무를 수행하는 국제회의 전문가를 말한다.

이들은 컨벤션의 전 과정을 총괄하는데, 행사 전인 기획과 준비 단계, 행사 중인 진행과 운영 단계, 행사 후인 평가와 완료 단계 등의 모든 업무를 담당한다. 특히 행사 전의 업무가 많은 비중을 차지하는데, 짧게는 몇 개월, 길게는 몇 년까지 소요되기도 한다.

이 일을 하기 위해선 능통한 영어 실력은 기본이고, 예산의 기획과 집행 등을 위해 회계에 관한 지식도 갖추고 있어야 한다. 또한 업무를 총괄할 수 있는 관리 능력과 치밀함, 세심함 등도 필요하다.

컨벤션 산업은 21세기 고부가가치를 창출하는 새로운 산업이다. 이를 인식한 세계의 각국은 컨벤션 산업을 육성하기 위해 국가적인 차원에서 적극 지원하고 있다. 우리나라도 이미 국제화와 개방화의 물결 속에 있으며, 대형 국제회의의 유치 또한 활기를 띨 전망이다. 그래서 정부에서는 1996년에 '국제회의 산업 육성에 관한 법률' 을 제정하고, 컨벤션 산업을 적극 육성하고 있다.

컨벤션 기획사가 되기 위해선 국가가 공인하는 자격증을 취득해야 한다. 2002년부터 컨벤션 기획사 자격증(1·2급) 제도가 생겼는데, 한국산업인력공단에서 시행하고 있다. 우선 2급은 대학 졸업자 혹은 관련 분야에서 4년 이상의 실무 경력을 쌓은 사람이면 응시할 수 있다. 필기와 실기 시험으로 치러지는데, 필기시험 과목은 컨벤션산업론, 호텔관광실무론, 컨벤션영어 등이고, 실기시험은 컨벤션기획, 실무제안서 작성, 영어서신 작성 등으로 치러진다. 1급 시험은 컨벤션기획사 2급 취득 후 해당 분야의 실무경력이 4년 이상이거나, 대학졸업자로서 관련 분야의 실무경력이 7년 이상, 혹은 학력과 상관없이 관련 분야의 실무경력이 11년 이상인 자에 한해 응시할 수 있다. 필기시험 과목은 컨벤션기획 실무론, 재무회계론, 컨벤션마케팅 등이 있고, 실기는 컨벤션기획 및 실무제안서 작성, 영어 프레젠테이션 등이 있다.

연회 기획사

연회 기획사는 호텔이나 레스토랑 등에서 펼쳐지는 각종 연회의 기획과 섭외, 연출, 진행 등 총체적인 책임을 맡는 사람이다.

이 일을 하기 위해선 고객이 어떤 음식을 원하는지 파악하는 기술과, 요리사나 서빙하는 사람들을 잘 관리할 수 있는 능력이 있어야 한다. 그리고 음식에 대한 애정과 특별한 이벤트를 준비하는 것을 좋아해야 한다.

한미 FTA의 체결로 유망해질 직업 리스트를 보면 항상 연회기획사가 올라와 있다. 외국 비즈니스맨의 방한이 잦아지면, 크고 작은 규모의 연회들이 많이 열릴 것이기 때문이다. 게다가 한미 FTA 뿐만 아니라 유럽연합, 중국, 일본 등과도 FTA 협상이 진행되고 있거나 앞으로 진행할 예정이고, 세계육상대회나 국제박람회 등과 같은 대형 국제행사들도 개최될 예정이다. 그럼 연회 시장은 더욱 커질 것으로 예상된다.

현재까지 연회 기획사는 직업으로서의 위상을 확실하게 자리 잡지 못하고 있는 상황이다. 그에 관한 자격증도 없고, 전문적으로 연회 기획사를 양성하는 교육기관이나 협회도 없다. 하지만 그 만큼 전문가가 부족하다는 것을 의미하고, 좀 더 미래를 보았을 때는 발전 가능성이 무궁무진한 직업이라는 것을 알 수 있다.

만약 정규교육을 받으려면 대학이나 대학교에서 이벤트 관련 학과를 전공하면 된다. 그리고 큰 규모의 연회들은 주로 특급호텔에서 개최되므로, 졸업 후 일단 호텔에 취업하는 것도 하나의 좋은 방법이다.

행사 기획자

행사 기획자는 기업의 이미지를 높이거나 지역의 진흥을 위한 전시회, 박람회, 축제, 심포지엄, 스포츠 대회 등 다양한 행사의 기획과 섭외 및 실행을 담당한다.

이들은 우선 의뢰업체와 후원자들을 만나 행사의 범위, 형식, 예산 등을 계획하고, 행사 진행에 필요한 지원자들을 고용한다. 다음으로 각종 홍보자료를 준비하여 행사를 널리 선전하며, 행사 참가자들의 조직을 구성한다. 또한 숙박과 연회, 디스플레이, 통역 등과 같은 행사 서비스를 조정한다.

이 일을 하기 위해서는 기획력을 갖추고 있어야 하고, 창의력과 마케팅 능력이 요구되며, 순발력과 추진력, 지도력도 갖추어야 한다. 또한 문화와 예술에 관한 지식도 필요하다. 나아가 광고주나 의뢰자들과의 원만한 대인관계를 유지할 수 있어야 하며, 체력 소모가 많은 직업이므로 강인한 체력도 갖추어야 한다.

2006년 『산업 · 직업별 고용구조조사』에 의하면, 행사 기획자의 월평균 임금은 273만 원으로 조사되었다. 앞으로도 이들에 대한 고용은 다소 증가할 것으로 전망된다. 여가생활이 확대되고, 각종 행사나 국제회의, 전시회, 박람회 등이 증가하고 있기 때문이다.

행사 기획자가 되기 위해서는 대학 이상의 학력이 필요하며, 대체로 이벤트, 이벤트연출, 이벤트예술 등 행사 관련 학과나 신문방송학, 광고학, 연극영화학 등을 전공하면 유리하다. 또 사설학원에서도 그에 관한 교육을 받을 수 있다. 특히 행사기획자는 실무 경험이 중요하므로 이벤트 진행요원으로 경력을 쌓아두는 것이 좋다.

홍보판촉원

홍보판촉원은 고객이나 관람객에게 상품의 구매 욕구를 촉진시키기 위하여 홍보활동을 수행하는 사람이다.

이들은 먼저 상품이나 행사를 홍보하기 위해 의뢰업체로부터 약간의 교육을 받는다. 주로 행사장에서 설명해야 될 문안을 검토하고 내용을 암기한다. 그리고 행사장에서는 상품이나 시설의 장점, 기능 등을 설명하고 보여준다. 예를 들어 식료품 회사의 의뢰를 받은 경우는 시식회 및 시음회 행사를 돕고, 기업체의 거리행사를 의뢰받은 경우는 길거리에서 광고지를 배포하며 해당 회사의 제품을 적극적으로 홍보한다. 또 나레이터 모델의 경우는 전시회나 박람회, 각종 이벤트, 신제품 발표회, 백화점 행사, 패션쇼 등에서 행사 안내나 사회를 본다.

홍보판촉원은 수많은 잠재 고객들을 상대해야 하기 때문에 무엇보다 친절하고 적극적인 태도가 요구된다. 그러므로 성격이 활발한 사람이 적합하며, 상품의 특성을 효과적으로 설명할 수 있는 언변이 있어야 한다. 또한 외국인들을 상대해야 하는 경우도 있기 때문에 외국어 실력도 갖추고 있어야 한다.

홍보판촉원은 학력이나 경력과는 상관없이 취업할 수 있으며, 또 특별한 교육을 받아야 하거나 자격이 필요한 것도 아니다. 해당 제품에 따라 매우 다양한 홍보활동을 하게 되므로, 활동적인 사람이 취업하면 자기능력을 충분히 발휘할 수 있다. 다만 여성들은 외모와 키를 기준으로 선발하는 경우가 있다.

이들은 프리랜서로 일하거나 에이전트에 소속되어 전속으로 일할 수도 있다. 프리랜서의 경우 파견업체에 회원으로 등록되어 있다가 행사 의뢰가 오면 일급제나 시급제로 일한다. 근무일이 일정하지는 않지만 다른 직업에 비해 일당은 많은 편이다.

영화제 프로그래머

영화제 프로그래머는 관객들에게 좋은 영화를 보여주기 위해 상영영화를 선정하고, 세미나나 강연, 각종 이벤트 등을 주관하며, 기타 영화제 자료집을 만들기도 하는 사람이다.

영화제는 영화를 만든 사람과 관객들이 서로 만날 수 있는 통로이다. 이들의 역량에 따라 영화제의 질이 결정되므로 굉장한 책임감을 갖고 일하고 있다.

이 일을 하기 위해서는 무엇보다 기획력을 갖고 있어야 하고, 많은 관계자들과 만나기 때문에 대인관계가 좋고 활동적이어야 한다. 그리고 영화에 대해 전문가 수준은 아니더라도 좋은 영화를 발굴할 수 있는 안목을 가지고 있어야 한다.

요즘 젊은이들은 핑크빛 기대감으로 영화제 프로그래머를 꿈꾸기도 하는데, 이 일은 안정적인 직업이 아닐 뿐더러 수입도 생각보다 많지 않다. 또 막상 영화제 기간이 되면 밤을 새워 일해야 하거나, 잦은 해외출장으로 심신이 지치기도 한다. 나아가 이 일을 하려면 건강한 체력이 뒷받침되어야 하며, 외국어 실력도 필수적으로 갖추고 있어야 한다. 정말 영화를 사랑하고 즐기는 사람이 아니라면 하기 힘든 일이다.

현재 국내에서도 크고 작은 영화제가 상당히 많으며, 한번 생긴 영화제가 쉽게 폐지될 리는 없을 것이다. 또한 프로그래머의 역량에 따라 영화제의 성패가 좌우되므로, 이들의 비중은 갈수록 커지고 있다. 따라서 향후 영화제 프로그래머의 미래는 밝다고 하겠다.

영화제 프로그래머는 공개채용으로 뽑기도 하고, 영화제의 스텝으로 일하면서 경력을 쌓아 프로그래머가 되는 경우도 있다.

레크레이션 진행자

레크레이션 진행자는 캠프와 사교모임 등에서 오락 프로그램을 기획하거나 진행하고, 일반인들을 대상으로 건강상태를 유지하도록 다양한 형태의 레저와 스포츠를 가르치는 사람이다.

요즘 경제발달과 주5일 근무제의 정착으로 국민들의 여가참여 욕구가 증대하고 있다. 또한 대학축제나 기업체 연수, 각 개인이나 단체의 기념 파티, 체육대회 등도 점차 활성화되고 있다. 이런 행사의 프로그램을 짜고 게임이나 노래를 지도해주는 레크레이션 진행자의 수요는, 날이 갈수록 증가할 수밖에 없을 것이다. 또한 앞으로는 그 활동분야도 관광 관련 기관, 각종 모임의 진행자, 문화센터의 강사 등으로 다양해질 것으로 보여서, 이들의 고용에 긍정적인 영향을 미칠 것으로 보인다.

국제회의 전문가(PCO: Professional Convention Organizer)

국제회의 전문가는 국제회의를 유치하기 위한 기획과 교섭, 유치 후 행사진행 등 국제회의와 관련된 모든 업무를 총괄하는 사람이다.

이 일을 하기 위해선 먼저 회의 및 관련 산업에 대한 전반적인 지식이 필요하다. 또한 외국인을 상대할 경우가 많으므로 상당한 외국어 실력이 필요하며, 국가나 단체를 상대로 하는 업무이므로 국제 법률 및 관례에 대한 정확한 이해가 바탕이 되어야 한다. 나아가 일의 진행과정에서 다양한 직책의 사람들을 만나게 되므로 능숙한 대인관계가 필요하다.

전 세계적으로 국제회의 관련 산업은 21세기 고부가가치 산업으로 각광받고 있으며, 최근 우리나라도 인프라 확충과 국제회의 유치에 적극적인 관심을 보이고 있다. 특히 컨벤션 센터가 대거 늘어날 전망이어서, 앞으로 이에 관한 전문인력이 많이 필요할 것으로 예상된다.

11장

-이벤트학과

경기 극동정보대학 관광이벤트과

경기 오산대학 이벤트연출과

경기 한국관광대학 관광이벤트과

부산 부산예술대학 이벤트연출과

부산 부산예술대학 이벤트연출과

대전 우송정보대학 웨딩이벤트과

대전 혜천대학 이벤트연출과

광주 전남과학대학 이벤트무대예술전공

충북 충청대학 레저이벤트전공

충남 공주영상대학 이벤트연출과

전북 백제예술대학 파티디자인과

전남 전남과학대학 이벤트문화기획전공

경북 대구미래대학 웨딩이벤트과

경남 김해대학 웨딩이벤트과

경기 경기대학교 이벤트학

부산 동서대학교 이벤트·컨벤션전공

-컨벤션학과

부산 동주대학 국제관광컨벤션전공

제주 제주관광대학 관광컨벤션산업과

서울 경희대학교 컨벤션경영학과

부산 동아대학교 호텔·컨벤션경영학전공

부산 동의대학교 호텔컨벤션경영학과

부산 신라대학교 컨벤션레저문화관광전공

대전 배재대학교 호텔컨벤션경영학과

대전 우송대학교 관광컨벤션학과

11장

직업과 자격증 관련 커뮤니티(http://www.winfo.co.kr)

커리어넷(http://www.careernet.re.kr)

인크루트(http://www.incruit.com)

대학내일(www.naeilshot.co.kr)

워크넷(http://www.work.go.kr)

매일경제인력팀, 《취업을 위한 자격증 42가지》 매일경제신문사, 1998

한국산업인력공단 중앙고용정보원, 《유망직업 33선》, 2002

김종길, 《밀레니엄 전문직업》, 글담, 1999

21세기재테크연구소편, 《이색직업 100가지》, 큰방, 2001

이영대 · 김선태 · 이남철, 《직업세계와 나의 직업찾기》, 교학사, 2007

교육인적자원부, 한국직업능력개발원, 《미래의 직업세계 2003》, 2002

교육인적자원부, 한국직업능력개발원, 《2007 미래의 직업세계》, 2006

권재철, 《2007 신생 및 이색직업》, 한국고용정보원, 2006

김봉석, 《공상이상 직업의 세계》, 한겨레출판, 2006

김세준, 《매직잡》 100k, 2007

중앙고용정보원 직업연구팀, 《문화예술 직업전망》, 2005

이종은, 《이벤트 프로모션론》, 글로벌, 2000

문경주, 《이벤트학의 이해》, 한국학술정보, 2007

215

행 사

12

여
행

요즘 경제가 성장하고 여가시간이 늘어나면서 사람들의 여행에 대한 관심이 크게 높아졌다. 또한 여행은 공해를 일으키지 않는 무공해 산업일 뿐만 아니라 교통이나 숙박, 관광기념품 등 타 산업에 미치는 영향이 큰 또다른 고부가가치 산업이다.

우리나라의 관광수지는 계속해서 적자를 면치 못하고 있다. 국내여행이 너무 유명한 곳에만 한정되어 있기 때문이다. 기억에 남을 만한, 특징적인 국내 여행의 개발이 절실한 상황이다.

여행안내원은 개인이나 단체 관광객을 안내하면서 그들에게 필요한 제반 서비스를 제공하는 사람이다. 국내 관광안내원, 국외 관광안내원, 통역안내원 등으로 구분된다.

이들은 국내외를 여행하는 개인 또는 단체 관광객에게 교통, 숙박, 기타 이용시설에 대해 안내하는 등 각종의 편의를 제공하며, 또 관광지나 관광 대상을 설명하기도 한다.

여행 안내원에게 가장 중요한 요건은 건강한 체력과 강인한 정신력이다. 그리고 관광객을 상대로 하는 직업이므로 성격이 활발하고 말주변이 좋으며, 리더십이 있어야 한다. 또한 열린 사고와 친절함, 사교성, 긴급 사태에 대처할 수 있는 능력도 필요하다.

요즘은 돈과 시간, 그리고 건강만 있으면 모든 사람들이 여행을 하고 싶어 한다. 게다가 생활수준의 향상과 주5일 근무제로 관광 산업은 이전보다 더욱 활성화되고 있다. 나아가 이 일은 자신의 능력에 따라 고소득을 올릴 수 있고, 시험에 합격하기만 하면 특별한 학력이나 자격의 제한이 없다는 점에서 전망이 매우 밝은 편이다.

여행안내원이 되기 위해서는 한국관광협회에서 시행하는 국내 여행안내원 시험이나 한국관광공사가 시행하는 관광통역안내원 시험에 합격하여 자격증을 취득해야 한다. 두가지 시험 모두 응시자에 대한 학력이나 경력, 국적 등의 제한이 없고, 만 18세 이상이라면 누구나 응시할 수 있다. 그리고 국내 여행업소에서 여행안내와 관련된 업무를 5년 이상 종사한 경력이 있는 사람과 대학에서 관련 학과를 졸업한 사람에게는 필기시험이 면제된다. 따라서 우선 여행업소에 취업하여 일하는 것도 여행안내원이 되는 하나의 방법이다.

여행설계사

여행설계사는 고객의 취향과 경제적인 여건, 여행일정 등을 고려하여 최적의 여행코스를 개발하고 추천해주는 사람이다.

이들은 고객에게 가장 적합한 여행지 및 숙박지를 추천하여 아름다운 추억거리를 만들어준다. 또한 새로운 여행지를 개발하여 상품화하기도 한다. 즉, 각국의 특성과 행사 등을 잘 파악하여 테마가 있는 상품을 다양하게 개발하는 것이다.

이 일을 하기 위해선 우선 외국어를 잘 해야 하고, 항공권과 호텔 예약 등의 실무적인 노하우도 있어야 한다. 또한 고객의 요구에 맞는 테마여행 프로그램을 만들려면 역사나 건축, 미술, 음악, 스포츠 등 폭넓은 교양이 필요하다. 이 밖에도 쾌활하고 적극적인 성격, 건강한 체력, 설득력 등이 요구된다.

여행시장은 앞으로도 계속 커질 수밖에 없을 것이다. 정부 차원의 관광산업에 대한 지원이 지속적으로 이루어지고 있고, 주5일 근무제의 실시로 국민들의 여행에 대한 관심이 높아지고 있기 때문이다. 물론 인터넷의 발달로 여행과 관련된 다양한 정보와 지식을 누구나 접할 수 있다는 점에서, 여행 설계사의 전망에 대해 회의적인 시각이 있기는 하다. 하지만 여행 정보가 풍부하다고 해서 능사는 아니다. 여행 정보는 풍부해도 개인의 취향과 경제상황, 일정 등에 맞는 여행코스를 스스로 찾기에는 너무나 어렵기 때문이다.

여행설계사가 되기 위해서는 관광 관련 학과로 가는 것이 가장 좋은 방법이다. 그리고 제1외국어인 영어는 필수이고, 그 외에 1~2개 정도의 외국어를 더 할 줄 알아야 한다. 물론 관광교육원에서 투어컨덕터 과정을 수료해도 가능하며, 기타 다양한 여행지에 대한 자신만의 지식과 정보를 많이 갖고 있어야 한다.

관광 기획자

관광 기획자는 여행사에 소속되어 관광상품을 기획하고 개발하는 사람이다.

이 일을 하기 위해서는 국내뿐만 아니라 세계 각국을 많이 돌아봐야 한다. 그리고 다양한 문화권에 속해 있는 사람들과 무리 없이 만날 수 있는 원만한 성격과 폭넓은 교양을 가지고 있어야 한다. 특히 고객들에게 여러 곳을 소개하는 직업이므로 다른 나라들에 대해서 끊임없이 공부해야 한다.

관광 산업은 한 나라의 경제를 움직일 정도로 커다란 잠재력을 가지고 있다. 우리나라의 관광 산업도 성장 가능성이 매우 높은 분야이다. 정부의 주도 하에 외국인 관광객의 유치 노력을 적극적으로 펼치고 있으며, 내국인 관광객도 날이 갈수록 증가 추세에 있기 때문이다. 이러한 관광 산업의 발전은 당연히 관광 기획자의 수요를 증가시킬 것이다.

관광 기획자가 되기 위해서는 대학이나 대학교에서 관광 관련 학과를 전공하는 것이 유리하다. 그곳에서는 주로 관광에 관한 일반이론, 실무지식, 현장학습 등을 가르치며, 장차 좋은 관광 기획자로 성장할 수 있는 토대를 제공하고 있다. 또한 관광 기획자가 되기 위해서는 여행사에서 많은 실무 경험을 쌓아야 한다.

해외관광 기획자

해외관광 기획자는 말 그대로 해외의 관광상품을 기획하고 개발하는 사람이다.

이들은 대개 항공사 스케줄을 토대로 두달쯤 전에 여행코스를 기획하고 사전답사를 하여 코스를 확정지으며, 기타 호텔이나 식당 등도 자세히 확인하여 결정한다.

해외여행은 더 이상 호화여행이 아니다. 이제 우리나라 사람들도 신혼여행이나 어학연수, 성지순례, 계모임, 배낭여행 등으로 해외여행을 자유롭게 즐기고 있다. 이에 따라 새로운 관광상품의 개발은 매우 중요하며, 이 분야의 전문인력이 더욱 필요해질 전망이다.

1988년 이후 급증하기 시작한 해외여행객의 수요에 맞추어 1990년부터 국내 대형여행사들을 중심으로 해외관광 기획자를 공채로 뽑기 시작했다. 하지만 아직까지는 결원이 생겼을 경우 수시로 학교의 추천이나 인맥을 통해 뽑고 있으며, 필요에 따라 프리랜서를 쓰는 곳이 많은 편이다.

투어 컨덕터(Tour Conductor: 여행 인솔자)

투어 컨덕터는 내국인이 해외여행을 할 때 그들을 인솔하고, 현지가이드와 함께 그들이 여행을 마치고 돌아올 때까지 관리와 감독 및 통제를 하는 사람이다

이들은 우선 관광객의 신상과 여행 목적을 파악한 후, 방문지의 숙박시설, 교통편, 레크레이션, 기타 여행일정 등의 모든 사항을 확인한다. 그런 다음 출발 일에는 공항이나 집합장소에 먼저 도착하여 관광객을 맞이하고, 여행 경로나 일정 및 명소 등에 관하여 설명한다. 또한 목적지에 도착하면 숙소의 수속을 대행하고, 여행 일정에 맞춰 모든 업무를 진행한다. 한편, 관광 중에는 역사 유적지나 유물 등을 설명하면서 관광객들이 지루하지 않고 즐거운 여행을 할 수 있게 한다. 그리고 예상치 못한 사고가 발생할 경우 본사와 연락하여 지혜롭게 문제를 해결해야 한다. 기타 관광 일정이 끝난 후에는 정산을 하고, 안내할 때의 문제점 및 개선점을 기록함으로써 향후 관광에 좋은 참고가 되도록 한다.

이 일을 하기 위해선 무엇보다 외국어 능력을 갖추고 있어야 한다. 외국어 능력이 부족하면 정확한 상황을 판단할 수가 없어서 관광객의 안전

에 지장을 초래할 수도 있기 때문이다. 또한 여행지에 대한 풍부한 지식과 여행객의 불평에 잘 대처할 수 있는 원만한 성격도 갖추고 있어야 한다. 기타 해외 각지를 돌아다녀야 하므로 건강한 체력도 요구된다.

1988년 해외여행의 자유화 바람을 타고 해외관광객이 급증하였다. 이에 따라 여행사들이 투어 컨덕터를 공개적으로 모집하면서 이 직업이 주목받기 시작했다. 요즘도 해외여행이 점차 일반화, 국제화되는 추세에 있으므로, 투어 컨덕터의 수요는 계속 늘어날 것으로 보인다. 특히 주5일 근무제가 정착됨에 따라 주말을 이용한 해외관광객의 증가가 예상되어 향후 발전 가능성이 높을 것으로 전망된다.

투어 컨덕터는 관광통역안내원과는 달리 자격증이 없어도 일할 수 있다. 외국어를 잘 구사하거나 해외여행의 경험이 풍부한 사람이라면 누구나 할 수 있으며, 별다른 문제없이 여행사에 취업할 수 있다. 물론 초보자의 경우는 통역학원이나 관광학원의 투어컨덕터 과정을 이수하는 것이 바람직하다.

관광통역안내원

관광통역안내원은 우리나라를 찾는 외국인을 대상으로 통역안내를 하거나, 한국인이 해외여행을 할 때 함께 따라가 통역안내를 하는 사람이다.

이들의 업무는 크게 출발 전과 출발 후, 그리고 관광 중에 수행하는 것으로 나눌 수가 있다. 우선 출발 전에는 관광객의 신상정보와 목적파악, 방문지의 정보수집과 숙박시설, 항공탑승권의 예약관계 등의 업무를 한다. 특히 사전에 관광일정표를 자세하게 검토하여 여행 도중 문제점이 발생하지 않도록 주의한다. 관광 중에는 목적지로의 이동, 관광과 견학, 그리고 호텔에서의 업무 등이 있다. 관광 중에는 예상치 못한 사고가 발생할 수도 있는데, 이때 통역안내원은 침착하고 지혜로운 판단을 통해 문제점을 해결해야 한다. 끝으로 여행종료 후에는 정산과 관광보고서 작성 업무 등이 있다.

이 일은 적극적이고 쾌활한 성격의 소유자가 비교적 적합하다. 그리고 여러 곳을 돌아다녀야 하기 때문에 신체가 건강하고, 여행을 좋아하는 사람이어야 한다. 또한 관광통역안내원은 업무의 성격상 각국의 역사나 관광에 대한 지식을 필수적으로 공부해야 한다.

관광통역안내원의 고용은 앞으로도 계속 증가할 것으로 보인다. 특히 외국관광객의 입국추이를 보면 일본관광객의 꾸준한 증가와 더불어 중국관광객의 증가가 예상되어, 일본어와 중국어 관광통역안내원의 증가가 기대된다.

관광통역안내원이 되기 위해서는 문화관광부에서 주관하고 한국관광공사에서 시행하는 관광통역안내원 시험을 통과해야 한다. 교육기관으로는 한국관광공사에서 운영하는 관광교육원이 있고, 각 대학에서도 관광 관련 학과를 많이 개설하고 있다.

클럽메드 G.O(Gentle Orgarnizer)

G.O는 휴양지 리조트에서 고객의 휴양 프로그램을 짜주는 현지 직원이다.

이들은 해양스포츠를 전담하는 G.O, 안무나 쇼와 같은 엔터테인먼트를 담당하는 G.O, 미니클럽에서 아이들을 돌봐주는 미니클럽 G.O 등 다양한 분야들이 있다. 그리고 G.O들이 함께 모여서 진행하는 행사도 있다. 이때는 리조트의 총책임자인 촌장을 포함한 전체 G.O들이 함께 모여 고객들을 위한 환영과 환송 파티를 한다.

G.O들은 보통 오전 일찍 일어나 그날의 업무준비를 끝낸 후, 오후까지 각자의 포지션에서 맡은 바 업무를 담당한다. 리조트를 방문한 고객들과 함께 식사하며 이야기를 나누는 것도 이들의 업무 중 하나이다.

G.O들은 고객들에게 평생 동안 기억될 최고의 서비스를 제공하기 위해 많은 노력을 기울인다.

여행 기자

여행 기자는 어떤 지역을 여행하면서 기사를 쓰는 사람이다.

여행 기자도 기자라는 직업 안에 있는데, 일반적으로 기자가 되기 위해서는 언론고시를 준비해서 언론사 공채에 응시해야 한다. 기자가 되기 위해서는 국어와 영어, 한문 실력을 필수적으로 갖추고 있어야 한다. 그리고 세계의 흐름은 물론 우리나라의 전반적인 흐름을 알고 있어야 한다. 기자의 학력은 대졸 이상인 자로 조건을 두는 경우가 많고, 전문지식을 가진 기자를 채용하기 위해 석사학위 이상의 소지자를 별도로 채용하는 곳도 있다.

한편 여행잡지사의 기자로 들어가는 방법은 크게 공채와 인턴 등이 있다. 공채는 말 그대로 시험과 면접을 보고 들어가는 것이다. 인턴은 대학 생활 중 인턴사원의 기회를 잡아서 일하고 나중에 정식 사원으로 들어가는 것이다. 그리고 프리랜서로 일하는 방법이 있는데, 이는 여행기자들이 은퇴 후 프리랜서로 여행을 다니면서 글을 쓰는 것이다. 대개 프리랜서로 일하기 위해서는 여행업계에서 오랫동안 일을 하여 이름이 널리 알려져 있어야 한다.

여행 칼럼니스트

여행 칼럼니스트는 여행을 다니면서 느꼈던 생각과 감정을 글로 표현하고 사진으로 찍어서 사람들에게 보여주는 직업이다. 그래서 이들은 흔히 여행 작가로도 불린다.

이들은 국내와 외국의 여행지에 대한 소감을 글로 작성하고 사진으로 촬영하여 각종 매체에 보내거나 책으로 출판하기도 한다. 하지만 여행 칼럼니스트를 자신의 주요 직업으로 삼고 있는 사람은 많지 않다. 대부분 다른 직업을 가지고 있으면서 자신이 여행한 곳을 글로 표현해서 사람들에게 보여준다. 그러므로 여행 칼럼니스트가 되는데 특별한 학력이나 자격 요건은 없다.

배낭여행 전문가

배낭여행은 예전부터 있었지만 요즘 젊은이들 사이에서 더욱 인기를 끌고 있다. 예전엔 자신이 알아서 여행할 곳을 선정하느라 많은 어려움을 겪었지만, 요즘엔 배낭여행 전문가가 있어서 여행하기가 훨씬 수월해졌다.

이 일을 하기 위해선 우선 여행에 대한 자신감이 있어야 한다. 여기에다 어학실력, 특히 영어실력을 갖추고 있고, 또 치밀하고 꼼꼼한 성격의 소유자라면 더욱 유리하다. 나아가 여행지에 대한 많은 정보를 갖고 있다면 더할 나위 없이 좋을 것이다.

현재 배낭여행 전문가로 일하는 사람들은 대부분 해외 유학생 출신이거나 1년 이상 해외연수를 마친 사람들이다. 이 일은 군이 자격증을 필요로 하지 않지만, 한국관광공사에서 시행하는 관광통역가이드 자격증을 취득하면 취업하는데 도움이 된다.

12장

서울 동양공업전문대학 관광경영과

서울 숭의여자대학 관광과

서울 인덕대학 관광레저경영과

서울 한양여자대학 관광과

경기 경민대학 관광경영전공

경기 경복대학 호텔관광전공

경기 극동정보대학 관광과

경기 김포대학 관광경영과

경기 동원대학 관광과

경기 두원공과대학 관광경영통역과

경기 부천대학 관광경영과

경기 서정대학 관광과

경기 신흥대학 관광경영과

경기 유한대학 관광정보과

경기 장안대학 관광레저경영전공

경기 한국관광대학 관광경영과, 관광레저과, 디지털관광과

부산 대동대학 관광경영

부산 부산경상대학 관광경영과

부산 부산여자대학 관광경영과, 호텔카지노

부산 부산정보대학 항공관광전공

인천 경인여자대학 항공관광전공

인천 인하공업전문대학 관광과

인천 재능대학 관광경영과

대전 혜천대학 국제관광서비스과

대구 대구공업대학 호텔항공관광과

대구 대구과학대학 관광과

광주 동강대학 관광레저과

광주 서강정보대학 관광경영과

광주 송원대학 관광계열

강원 강원관광대학 관광품질경영과

강원 강원도립대학 관광과

강원 동우대학 관광과

강원 상지영서대학 관광과

강원 세경대학 관광과

충북 대원과학대학 관광과, 국제관광과

충남 신성대학 항공관광전공

전북 전주기전대학 국제관광과

전남 목포과학대학 관광경영과

전남 한영대학 관광과

경북 경북전문대학 관광과

경북 대경대학 국제관광과

경북 문경대학 관광레저과

경북 서라벌대학 국제관광경영과

경남 남해전문대학 관광과

제주 제주산업정보대학 관광경영과

제주 제주한라대학 관광경영과

서울 경기대학교 관광경영학전공

서울 경희대학교 관광경영학전공, 호텔경영학전공

서울 세종대학교 관광경영

서울 한국방송통신대학교 관광학과

서울 한양대학교 관광학부

경기 경기대학교 관광개발학전공, 관광경영학전공

경기 경원대학교 관광경영학과

경기 용인대학교 관광학과

경기 을지대학교 관광경영학과

경기 한북대학교 국제관광경영학전공

부산 동명대학교 관광경영학과

부산 동서대학교 관광경영학전공

부산 동아대학교 관광경영학전공, 국제관광학전공

부산 동의대학교 관광경영학과

부산 부경대학교 관광경영학전공

부산 부산외국어대학교 역사관광학과

인천 안양대학교 관광경영학과

대전 배재대학교 관광ㆍ이벤트경영학과

대구 계명대학교 관광경영학과

광주 광주대학교 관광학부

광주 호남대학교 관광경영학과

강원 강릉대학교 관광경영학과

강원 강원대학교 관광경영학전공, 관광학과

강원 경동대학교 관광경영학전공

강원 관동대학교 관광경영학과, 관광여행정보학

강원 상지대학교 관광개발학전공, 관광경영학전공

강원 한라대학교 레저관광경영학과

충북 극동대학교 관광레저경영학

충북 세명대학교 관광경영학

충북 청주대학교 관광경영학전공

충남 건양대학교 관광학과

충남 공주대학교 관광경영학전공

충남 백석대학교 관광경영학과

충남 선문대학교 국제레저관광학과

충남 순천향대학교 관광경영학과

충남 중부대학교 관광경영학과

충남 청운대학교 관광레저경영학과

충남 한서대학교 항공관광학과

전북 전주대학교 관광정보전공

전북 호원대학교 관광경영전공, 관광레저이벤트전공

전남 동신대학교 관광경영학과, 관광학과

전남 명신대학교 관광경영학과

전남 목포대학교 관광경영학과전공

전남 한려대학교 외국어정보관광학과

경북 경운대학교 관광경영학전공

경북 경일대학교 관광비즈니스학과

경북 경주대학교 관광개발학전공, 관광경영학전공, 관광정보학전공

경북 대구가톨릭대학교 관광학과

경북 대구대학교 관광경영학전공

경북 대구한의대학교 관광레저학과, 리조트개발학과

경북 동국대학교 관광경영학전공, 관광레저개발전공

경북 아시아대학교 관광경영학과

경남 경남대학교 관광경영학

제주 제주대학교 관광개발학과, 관광경영학과

제주 탐라대학교 관광산업학과

한국관광공사 관광교육원

한국관광협회

한국관광협회중앙회

12장

직업과 자격증 관련 커뮤니티(http://www.winfo.co.kr)

커리어넷(http://www.careernet.re.kr)

인크루트(http://www.incruit.com)

대학내일(www.naeilshot.co.kr)

워크넷(http://www.work.go.kr)

클럽메드 홈페이지(www.clubmed.co.kr)

매일경제인력팀, 《취업을 위한 자격증 42가지》매일경제신문사, 1998

한국산업인력공단 중앙고용정보원, 《유망직업 33선》, 2002

김종길, 《밀레니엄전문직업》, 글담, 1999

21세기재테크연구소편, 《이색직업 100가지》, 큰방, 2001

이영대 · 김선태 · 이남철, 《직업세계와 나의 직업찾기》, 교학사, 2007

교육인적자원부, 한국직업능력개발원, 《미래의 직업세계 2003》, 2002

교육인적자원부, 한국직업능력개발원, 《2007 미래의 직업세계》, 2006

김세준, 《매직잡》100k, 2007

13

디지털콘텐츠

1990년대 이후 디지털 기술의 놀라운 발전으로 지식과 정보를 기반으로 한 '지식정보화 시대'를 몰고 왔다. 그래서 각종 디지털콘텐츠의 수요가 급증하여 새로운 고부가가치 산업으로 주목받고 있다. 디지털콘텐츠의 종류는 크게 세 가지로 나눌 수 있는데, 데이터베이스와 에듀테인먼트, 인터넷콘텐츠 등이 그것이다. 먼저 데이터베이스는 각종 문헌이나 영상, 음성 자료를 디지털 방식으로 정보화해서 종합적인 검색시스템을 구축하는 것이다. 에듀테인먼트(edutainment)는 에듀케이션(교육: education)과 엔터테인먼트(오락: entertainment)의 합성어로, 놀면서 공부한다는 새로운 방식의 교육콘텐츠이다. 에듀테인먼트는 온라인과 CD 같은 디지털콘텐츠를 비롯해서 도서나 방송, 공연 등 다양한 형태로 나타나고 있다. 인터넷콘텐츠는 인터넷을 기반으로 생산, 보급, 유통되는 콘텐츠로, 매우 포괄적인 형태를 띠고 있다. 네이버나 다음, 싸이월드 같은 포털 사이트를 비롯해서 각종의 쇼핑몰이나 정보, 오락 콘텐츠 등이 있다. 여기에서는 주로 디지털콘텐츠 중 데이터베이스와 인터넷콘텐츠 관련 직업들을 살펴보고자 한다.

데이터베이스 관리자는 컴퓨터를 이용하여 각종 자료를 체계적으로 수집, 정리해서 데이터베이스를 구축하고 관리하는 사람이다.

이들은 데이터를 분석하고, 사용자의 등록과 읽고 쓰기의 권한, 로그인, 암호관리 등을 한다. 또한 데이터베이스 시스템의 고장이나 사용상의 문제가 발생하면, 그 원인을 파악하여 조속히 복구한다. 기타 고객이 요구하는 분야의 자료를 수집하고 정리하거나, 이미 입력된 자료를 검토하여 문제점을 보완하기도 한다.

데이터베이스 관리자는 정보의 설계와 관리에 능숙해야 하므로 무엇보다 논리적인 사고력과 응용력이 필요하다. 또한 데이터는 조직의 핵심적인 정보에 해당되기 때문에 보안에 대한 책임감이 투철해야 하고, 시스템에 문제가 발생하면 신속히 복구할 수 있는 전문성이 요구된다.

요즘은 필요한 정보를 가장 효율적으로 확보하는 것이 하나의 경쟁력이 되었다. 따라서 데이터베이스 설계에 관한 전문지식을 가진 데이터베이스 전문가의 수요는 계속 증가할 것으로 보인다.

데이터베이스 관리자가 되기 위해서는 대학에서 컴퓨터공학이나 전자공학, 정보처리학 등을 전공하면 더욱 유리하다. 자격증 제도는 한국산업인력공단에서 시행하는 정보관리기술사, 정보처리기사, 정보처리기능사, 정보처리산업기사 등이 있다.

인터넷 정보검색사

인터넷 정보검색사는 정보의 바다로 일컬어지는 인터넷에서 정보의 검색과 관리 및 분석을 하는 사람이다.

이들은 전 세계에 산재해 있는 정보자원을 수집하여 학교나 기업, 정부기관, 개인 등의 요구에 맞추어 분류하고 정리하여 제공하는 업무를 담당한다.

이 일을 하기 위해선 무엇보다 철저한 서비스 정신이 필요하다. 고객에게 정보를 서비스하는 것이 이들의 주요한 업무이기 때문이다. 또한 세상 돌아가는 일에 관심이 많고 상식이 풍부하며, 지적호기심이 강한 성격이어야 한다. 나아가 인터넷에 두루 능통하고 새로운 테크놀로지에 쉽게 적응할 수 있는 능력을 가지고 있어야 한다. 뿐만 아니라 주로 해외자료들을 봐야하기 때문에 외국어 능력, 특히 독해 능력이 뛰어난 사람이 유리하다.

인터넷 정보검색사가 되기 위해선 기본적인 컴퓨터 활용 능력을 갖춘 후 관련된 교육기관을 찾아가 교육을 받으면 된다. 요즘에는 책자도 많이 나와 있기 때문에 컴퓨터 활용능력만 갖추고 있으면 스스로 정보검색 능력을 익힐 수 있다. 만약 취업을 목적으로 하는 경우엔 인터넷 정보검 색사 자격증을 취득하는 것도 좋은 방법이다. 요즘엔 인터넷 정보검색사 자격증의 소지자를 우선적으로 채용하겠다는 기업들이 늘고 있기 때문이다.

정보중개인

정보중개인은 각종 정보를 수집하여 필요한 곳에 제공하는 사람이다.

이들은 정보를 수집, 가공하여 새로운 부가가치를 창출하는 사람으로, 정보의 창조가 아닌 주로 유통과정에 참여하고 있다.

이 일은 수요자의 요구에 맞게 정보를 가공하여 제공하는 것이 핵심적 인 능력이다. 그러므로 무수히 생성되는 정보들 속에서 부가가치가 높은 정보를 얼마나 많이 확보할 수 있느냐가 매우 중요하다.

정보중개인은 근무시간의 제약이 없지만, 얼마나 유용한 정보를 제공 할 수 있느냐가 관건이고, 정보의 양과 품질에 따라 보수가 결정되는 전 문직이다. 정보화 사회의 성숙에 따라 향후엔 정보를 중개하는 전문업체 의 출현이 예상되고, 아울러 정보중개에 대한 전문인력의 수요가 확대될 전망이다.

정보분석원

정보분석원이란 정보들 사이의 관계를 탐사하는 사람이다.

이들은 빠른 시간 내에 고객이 요구하는 정보를 찾는 것은 물론, 그러한 1차 정보를 알기 쉽게 2차 정보로 재가공하는 업무를 한다.

이 일을 하기 위해선 정보시스템을 이해하고 이를 적극적으로 활용할 수 있는 능력을 갖고 있어야 한다. 또한 여러 분야의 사실들을 이해하고 그들 사이의 연관관계를 찾아 정보화할 수 있는 능력을 갖고 있어야 한다.

정보의 홍수 속에서 가치 있는 정보를 알아내고 유익한 정보로 만들수 있는 능력은 기업의 성패를 좌우하는 중요한 열쇠이다. 이 일은 정보사회가 발전함에 따라 그 수요도 무한히 확대될 전망이다.

정보분석원이 되기 위해선 대졸 이상의 학력으로 인터넷에 관한 전반적인 지식이 요구되며, 또 정보검색사 자격증을 취득한 사람이면 더욱 유리하다.

엑스트라넷 데이터베이스 매니저

'엑스트라넷'은 기업의 직원과 고객, 협력업체 등이 서로 필요로 하는 정보를 검색할 수 있는 접근 창구로, 이 엑스트라넷의 데이터베이스를 구성하는 사람이 엑스트라넷 데이터베이스 매니저이다.

이들의 업무는 데이터베이스 디자인과 그래픽, 액세스 컨트롤 작업, 애플리케이션 개발 등이다. 또한 데이터베이스를 구성하는데 필요한 정보를 얻기 위해 협력업체 직원들과 긴밀한 관계를 맺는 일도 중요한 업무 가운데 하나이다.

이 일을 하기 위해서는 기업의 전산 플랫폼 환경을 이해하는 것이 무엇보다 중요하다. 또한 기업의 네트워크 현황은 물론이고, 다양한 브라

우저와 운영체계를 사용하는 고객들이 많기 때문에 기본적으로 인터넷을 숙지하고 있어야 한다. 나아가 데이터베이스 구성에서도 각종 신기술 도입이 관건이므로 그에 대한 적극적인 자세가 필요하다.

인터넷이 기업과 고객을 연결하는 중요한 통신수단으로 정착해가는 지금, 기업에서 이러한 웹 기술을 활용한 이익창출로 눈을 돌리는 것은 너무도 당연하다. 그런 점에서 본다면 엑스트라넷 데이터베이스 관리자는 기업의 핵심 업무로, 앞으로 그 수요가 계속 끊이지 않을 것이다.

카테고리 매니저

카테고리 매니저는 인터넷 쇼핑몰에서 판매자가 물건을 더욱 수월하게 판매할 수 있도록, 또는 소비자가 원하는 물건을 손쉽게 찾아낼 수 있도록 돕는 사람이다.

이 일을 하기 위해선 직접 회사를 방문해 새로 나온 물건에 대한 정보를 수집하고, 이들의 가격을 조사하는 것이 필수이다. 또 쿠폰이나 마일리지, 무료배송 등 옵션을 잘 파악하여 경쟁력 있는 판매자가 소비자에게 더욱 잘 노출될 수 있도록 해야 한다. 나아가 늘 인기 검색어에 관심을 기울이고, 소비자들의 동향을 잘 파악하고 있어야 한다. 뿐만 아니라 우리나라도 점차 글로벌화되고 있기 때문에, 중국이나 일본 등 해외시장에서도 경쟁력을 갖도록 외국어 능력을 갖추어야 한다.

최근 온라인 쇼핑몰은 점차 오픈마켓화되어 가고 있다. 대기업에서 운영하는 인터넷 종합쇼핑몰도 오픈마켓으로 전환하고 있다. 인터넷이 상용화되면서 누구나 판매자가 되고 구매자가 될 수 있는 자유로운 시장이 되어가고 있는 것이다. 그런 만큼 오픈마켓의 카테고리 매니저 역할은 점차 확대될 것으로 보인다.

카테고리 매니저가 되기 위한 특별한 전공이나 자격증은 필요하지 않지만, 자신이 운영하는 카테고리에 대한 지식은 최대한 많이 갖출 필요가 있다. 또 오프라인에서 관련 업무에 대한 경험이 있으면 입사할 때 도움이 된다. 따라서 카테고리 매니저를 꿈꾸는 사람이라면, 매장에서 상품판매나 주문업무 등을 담당하는 아르바이트를 경험해보는 것이 좋다.

전자상거래 전문가

전자상거래 전문가는 네트워크를 통해 상품 및 서비스를 교환하는 것을 설계, 구축, 관리하는 사람이다.

이들은 사업의 기획에서부터 콘텐츠 개발, 시스템 구축, 서버 관리와 운영, 상품구매, 마케팅 업무까지 모두 담당한다.

이 일을 하기 위해선 컴퓨터 활용능력 뿐만 아니라 소비자들에게 상품을 잘 팔 수 있는 기획과 마케팅 능력도 필요하다.

향후 전자상거래 전문가의 고용은 다소 증가할 것으로 보인다. 최근 기업들이 유통뿐 아니라 생산과 관리 측면에서도 비용을 절감하기 위해 전자상거래화를 추구하고 있기 때문이다. 이는 특히 기업의 존립에 필수적인 요소로 인식되고 있어서, 전자상거래 전문가의 수요는 계속 증가할 것으로 예상된다.

전자상거래 전문가가 되기 위해선 대학에서 경영학이나 경제학, 전자상거래학, 컴퓨터공학 등을 전공하면 더욱 유리하다. 그렇지 않으면 온라인쇼핑몰을 창업하고자 하는 사람들을 대상으로 실시하는 여러 가지 강좌를 들어도 된다. 관련 자격증으로는 대한상공회의소에서 시행하는 전자상거래운용사, 전자상거래관리사 등이 있다.

가상현실 전문가

가상현실 전문가는 3차원모델링(3D) 및 가상현실모델링언어(VRML) 등의 기술을 이용하여 가상현실 시스템을 개발하는 사람이다.

이들은 우선 사용자가 원하는 가상세계가 무엇인지 파악하여 시스템의 개발방향을 설정한다. 그리고 3차원 컴퓨터그래픽 제어기술을 활용하여 프로그래밍을 한 후, 사용자가 마치 실제라는 느낌을 가질 수 있도록 가상현실 시스템을 디자인한다. 그런 다음 개발한 3차원 가상현실 시스템에 오류가 없는지 테스트하고, 마지막으로 수정작업을 거쳐 제품을 완성한다.

이 일은 입체적인 분석을 통해 이루어지므로 거시적인 안목과 분석력, 창의력, 공간 지각능력이 요구되고, 가상의 시공간에 대한 폭넓은 응용능력이 필요하다. 또한 여러 사람들과 함께 팀을 이루어 작업하는 경우가 많으므로 원만한 대인관계와 협동심이 필요하다.

향후 핵심기술이 될 가상현실의 분야는 우리 사회에 미치는 문화적 영향과 경제적 파급효과가 매우 클 것으로 기대된다. 또한 이 기술은 영화나 게임, 오락, 산업현장, 교육훈련 등에 광범위하게 활용되고 있어서, 가상현실 전문가의 수요는 다소 증가할 것으로 보인다.

가상현실 전문가가 되기 위해서는 대학 이상의 학력이 필요하며, 전자공학이나 정보통신공학, 컴퓨터공학 등을 전공하면 취업에 유리하다. 물론 비전공자도 소프트웨어 개발에 대한 흥미와 재능이 있으면 얼마든지 진출할 수 있다. 이와 관련된 자격증으로는 한국산업인력공단에서 시행하는 컴퓨터그래픽스운용기능사, 시각디자인산업기사, 시각디자인기사 등이 있다.

13장

-각 대학과 대학교의 '정보통신공학과' 참조

-디지털콘텐츠학과

서울 경희대학교 디지털콘텐츠 전공

서울 성공회대학교 디지털컨텐츠학과

서울 성신여자대학교 디지털컨텐츠전공

서울 세종대학교 디지털콘텐츠 전공

서울 한국디지털대학교 디지털정보학과

경기 가톨릭대학교 디지털문화컨텐츠

경기 평택대학교 디지털응용정보학과

경기 한국외국어대학교 디지털정보공학

부산 부산외국어대학교 디지털컨텐츠트랙

전남 동신대학교 디지털컨텐츠학과

전남 목포대학교 디지털문화컨텐츠공학전공

서울직업전문학교
한국정보거래센터
한국온라인쇼핑협회
한국전자거래진흥원

245

13장

직업과 자격증 관련 커뮤니티(http://www.winfo.co.kr)

커리어넷(http://www.careernet.re.kr)

인크루트(http://www.incruit.com)

대학내일(www.naeilshot.co.kr)

워크넷(http://www.work.go.kr)

수퍼보드(http://www.superboard.com)

매일경제인력팀, 《취업을 위한 자격증 42가지》 매일경제신문사, 1998

한국산업인력공단 중앙고용정보원, 《유망직업 33선》, 2002

김종길, 《밀레니엄전문직업》, 글담, 1999

21세기재테크연구소편, 《이색직업 100가지》, 큰방, 2001

이영대 · 김선태 · 이남철, 《직업세계와 나의 직업찾기》, 교학사, 2007

교육인적자원부, 한국직업능력개발원, 《미래의 직업세계 2003》, 2002

교육인적자원부, 한국직업능력개발원, 《2007 미래의 직업세계》, 2006

김세준, 《매직잡》 100k, 2007

권재철, 《2007 신생 및 이색 직업》, 한국고용정보원, 2006

14

모
바
일

모바일이란 무선단말기로 서비스되는 모든 종류의 콘텐츠를 말한다. 무선통신의 이동성과 디지털 콘텐츠를 결합시킨 개념이라 할 수 있다. 모바일이 이루어지고 있는 분야는 휴대폰만이 아니라 PDA, 노트북까지 포함하고 있다. 또한 모바일의 종류는 게임과 음악, 영상, 정보, 캐릭터 등 매우 다양하다. 지금까지 존재하는 모든 문화콘텐츠는 모바일로 구현할 수 있기 때문에, 모바일의 영역은 실로 광범위하다 하겠다.

현재 모바일은 이동통신의 환경에 맞춰 비약적인 발전을 이루고 있으며, 미래의 한국경제를 이끌어 갈 강력한 키워드로 주목받고 있다. 게다가 날이 갈수록 휴대폰의 기능이 다양해지고 있는데, 그럼 모바일은 정말 엄청난 산업으로 발전할 것이다.

모바일 게임 제작과정

단계	기획	개발	출시
담당자	기획자 프로그래머	프로그래머 그래픽 디자이너 사운드 디자이너	기획자
주요 내용	게임 타이틀 선정 목표와 타켓 출시망	프로그램 작업 데이터 작업 사운드 데이터 작업 테스트	홍보 이동통신사 검수

모바일 전문가는 모바일 서비스를 위한 콘텐츠, 즉 게임이나 멀티미디어, 음악, 캐릭터, 정보, 지식 등을 제작하는 사람이다.

이들은 모바일 콘텐츠 제작 외에도 무선인터넷 사이트 구축이나 이동통신사 전산망 구축 등의 작업을 하기도 한다.

이 일을 하기 위해선 모바일 콘텐츠를 제작할 수 있는 각종 프로그래밍 지식과 기술은 물론이고, 고객의 요구에 맞는 서비스를 제공하기 위한 시장파악 능력과 마케팅 감각을 갖추고 있어야 한다. 또한 우리나라뿐 아니라 해외시장의 트랜드도 수시로 체크해야 하며, 정책과 기술의 변화에도 민감하게 대응하여 새로운 서비스를 창출할 수 있어야 한다.

모바일 시장은 매년 30% 이상씩 급성장하고 있다. 이동통신사업자들은 지속적인 수익구조의 창출을 위해 모바일 사업에 사활을 걸고 있다. 거기에다 정부의 대대적인 지원도 시장 확대에 불을 붙이고 있다. 그러므로 향후 모바일 전문가의 수요는 계속 증가할 것으로 보인다.

모바일 전문가가 되기 위해선 모바일 관련 학과를 전공하면 더욱 유리하다. 그곳에선 주로 모바일 콘텐츠 개발에 필요한 이론과 기술, 프로그래밍, 네트워킹, 데이터베이스 제작 노하우 등을 배울 수 있다. 이들이 취업할 곳도 이동통신사는 물론이고, 모바일 콘텐츠 제작업체, 멀티미디어 관련 회사, IT 관련 회사 등 매우 다양하다. 또한 프리랜서로 활동할 수도 있고, 자신의 회사를 창업할 수도 있다.

　　모바일 매니저는 한마디로 무선인터넷의 모바일 서비스를 기획, 개발하는 사람이다.

　　이들은 휴대폰이나 개인휴대용 단말기(PDA) 등 모바일 기기에서 효과적으로 운용될 수 있는 서비스의 아이디어를 내놓고, 어떤 방식으로 서비스를 제공할지에 관해 기획하는 일을 담당한다. 또한 그러한 서비스 기획안을 토대로 개발자들이 모바일의 특성에 맞는 프로그램 개발에 나서게 된다.

　　모바일 매니저는 일반 웹 기획자나 개발자와 달리 모바일 환경과 기술, 이용자 등에 관한 포괄적인 지식을 갖추고 있어야 한다. 즉, 휴대폰이나 PDA에 적용되는 무선인터넷 플랫폼의 관련 기술은 물론, 유선과 무선 기기가 가진 환경적 차이에 대해서도 알아야 한다는 것이다.

　　이들의 대우는 개인의 능력별로 차이가 있긴 하지만, 웹 분야에서 일하는 사람보다는 대체적으로 높은 편이다. 웹에 대한 지식과 더불어 모바일 분야에 대한 기술과 노하우를 동시에 갖춰야 하기 때문에 일정 정도의 프리미엄이 붙는 것이다.

　　모바일 기획이나 개발에 관한 교육 환경은 아직 그다지 좋은 편은 아니다. 이들 분야에 대해 전문적인 교육을 제공하는 곳이 많지 않기 때문이다. 현재로서는 이동통신업체 등에서 실시하는 기술 교육이나 세미나를 꼼꼼히 챙겨 듣고, 실제 프로젝트의 경험을 통해 기술과 노하우를 축적해가는 게 중요하다.

이제 휴대폰은 통화 품질이나 휴대성, 멋진 외관 같은 기본적 기능 뿐만 아니라 벨소리나 컬러링, 게임, 생활정보 서비스, 아바타, 채팅, 동영상 등 여러 가지 콘텐츠 기능이 추가됨으로써, 휴대폰 하나로도 무척 다양한 일들을 할 수 있게 됐다. 이런 다양한 콘텐츠를 기획하고 관리하는 사람이 바로 모바일 콘텐츠 기획자다.

이들은 어떤 콘텐츠를 만들 것인지 기획안을 작성하고, 그 기획서를 이동통신사에 제출해서 실현시키는 일을 한다. 일반적으로 콘텐츠를 개발하기 위해서는 다양한 기술이나 기반들이 요구되기 때문에 한 업체가 모든 일을 도맡아서 하긴 힘들다. 그러므로 기술이나 기반을 공급해줄 수 있는 업체를 선택해서 제휴와 계약을 맺는 것이 중요한데, 이러한 일도 또한 기획자의 몫이다. 더 나아가 이들은 프로젝트의 진행상황을 점검하고 서비스의 오픈시점을 점검하며, 이벤트나 마케팅 기획에 이르기까지 매우 광범위한 일을 담당하고 있다.

이 일은 특별한 자질이나 능력이 요구되는 것은 아니지만, 기존 서비스에 대한 분석력과 그에 따른 나만의 차별화된 서비스 전략을 고안해내는 능력이 있으면 더욱 좋다. 또한 늘 새로운 콘텐츠를 찾아내고 개발하는 능력도 필요하다.

모바일 콘텐츠 개발의 역사가 얼마 되지 않은 만큼, 아직도 기획자가 스스로 개척해나가야 할 것들이 매우 많다. 게다가 이제 막 성장하기 시작하는 분야이기 때문에 이와 관련된 대학의 학과들도 별로 없다. 하지만 모바일 기술의 수준은 계속 발전하고, 모바일 시장 또한 지속적으로

팽창하고 있기 때문에, 이 분야에 대한 앞으로의 가능성은 무궁무진하다.

모바일 게임기획자

모바일 게임기획자는 새로운 게임을 기획할 뿐만 아니라 그것을 개발하는 프로그램이나 그래픽 등의 작업이 원활히 이루어질 수 있도록 지원해주는 사람이다. 또한 게임 제작이 완료되면 정상적으로 서비스될 수 있는지 테스트하는 업무까지 담당하고 있다.

모바일 게임은 온라인 게임에 비해 크기만 작을 뿐이지 똑같은 게임이다. 그러므로 기획자로서 요구되는 기본적인 능력이나 자질에도 별 차이가 없다. 다만 차이점은, 우선 모바일 게임의 특성이나 시장에 대한 전문적인 지식이 필요하다는 것이다. 그리고 모바일 게임은 보통 개발기간이 2개월로써, 온라인이나 콘솔 게임에 비해 매우 짧고 유행에 민감하다. 이런 매체의 특성상 가볍고 손쉽게 즐길 수 있는 게임을 만드는 능력이 중요하다. 즉, 시장의 변화를 빠르게 파악하고, 다양한 게임에서 가장 재미있는 요소들을 압축해서 담아낼 수 있는 순발력이 요구된다.

이제 휴대폰은 현대인의 생활필수품이 되었다. 길거리의 공중전화가 무색할 만큼, 누구나 자신의 휴대폰으로 언제 어디서든 전화를 걸고 받을 수 있게 되었다. 게다가 오늘날 휴대폰은 단순한 통화기능만이 아닌 사진촬영이나 음악청취, 방송수신 등 다양한 기능을 하고 있다. 휴대폰으로 즐기는 모바일 게임도 날이 갈수록 인기를 끌어서 게임시장의 새로운 축으로 부상했다. 현재 우리나라의 시장규모만도 수천억 원으로, 기존의 온라인이나 콘솔 게임의 시장 못지않게 성장했다. 원래 모바일 게임은 우리나라를 중심으로 기술개발이 이뤄졌지만, 이제는 미국과 일본 등 세계 각지에서도 우리나라를 위협하며 시장 규모를 넓혀가고 있다. 특히 앞으로 많은 인구에 휴대폰이 보급될 것으로 예상되는 중국이나 남미도 성장 가능성이 무궁무진한 곳이다. 그래서 현재 우리나라의 모바일 게임회사들은 그 어느 때보다 활발하게 해외로 진출하려 하고 있다.

요즘 인터넷에 모바일 게임개발의 언어가 많이 공개되어 있고, 모바일 게임이 아니더라도 미니 게임을 만들 수 있는 다양한 툴도 개방되어 있다. 그런 것들을 이용하여 한번쯤 게임을 만들어 보는 것도 관련 지식과 능력을 쌓을 수 있는 하나의 좋은 방법일 듯하다.

모바일 게임프로그래머

모바일 게임프로그래머는 한마디로 모바일 게임을 개발하는 사람이다.

이들의 업무는 다른 컴퓨터 게임프로그래머와 큰 차이가 없지만, 그 배경이 휴대폰이다 보니 콘솔이나 컴퓨터 게임보다 어렵고 세밀한 작업이 요구된다. 또 휴대폰의 본래 기능은 게임이 아니기 때문에 통화 기능과 모바일 게임이 효과적으로 운영되도록 하기 위해서는 적지 않은 고민이 필요하다.

본래 프로그래머는 게임을 돌아가게 하는 로직을 짜는 사람이므로, 반드시 하드웨어에 대한 지식까지 갖출 필요는 없다. 그보다는 게임, 특히 모바일 게임을 얼마나 잘 이해하고 있느냐가 중요하다.

최근 모바일 게임시장이 커짐에 따라 프로그래머에 대한 수요도 꾸준히 증가하고 있다. 하지만 비교적 안정적인 몇 개의 대형회사를 제외하

면 아직까지 그들에 대한 대우는 그리 좋은 편이 아니다. 물론 앞으로 시
장이 안정될수록 프로그래머의 전망도 밝아질 것이다.

문자서비스 연구원

문자서비스 연구원은 휴대폰에서 사용하는 문자서비스를 연구하고 개
발하는 사람이다.

이들은 주로 마케팅 부서에서 제시한 아이디어를 토대로 문자서비스
를 개발해 소프트웨어에 적용하고, 그것이 제대로 동작되는지 확인하는
작업을 한다.

문자서비스 연구원은 기본적으로 고객의 입장에 서서 그들의 요구를
신속하게 반영하여 현실에 뒤처지지 않는 감각이 필요하다. 게다가 고객
들의 의견을 따르되 기본적인 서비스의 안정성을 유지하는 능력도 있어
야 한다. 다양하지만 안정되지 않은 서비스는 오히려 고객들에게 혼란을
줄 수도 있기 때문이다.

서로 다른 회사의 고객들 사이에서도 메시지 전송이 가능해진 이후,
문자메시지 사업은 본격적으로 발달하기 시작했다. 그래서 지금까지 단
순하게 40자의 내용만 전달하는 SMS(단문메시지) 뿐만 아니라 LMS(장
문메시지), MMS(멀티메시지), 이모티콘 문자, 그룹문자, 폰트문자 등
다양한 문자서비스가 개발되었다. 하지만 국내 문자서비스 시장은 이미
성장의 한계에 도달하고 있다. 그래서 최근 국내시장을 벗어나 미개척지
인 해외시장으로 진출하고 있고, 그와 함께 문자서비스 연구원의 수요도
다시 증가할 것으로 판단된다.

휴대폰 벨소리제작자

휴대폰 벨소리제작자는 기존의 음악을 선정하거나 직접 작곡하여 휴대폰 벨소리를 제작하는 사람이다.

이들은 우선 휴대폰 벨소리에 적합한 곡을 선택하거나 직접 작곡한다. 다음으로 건반이나 마우스를 사용하여 음악 프로그램에 악보를 작성한다. 그러고는 단말기의 음원칩에 맞게 편집하고, 벨소리 변환툴을 사용하여 단말기에 입력이 가능한 음악으로 변환한다.

이 일은 다양한 음악을 듣고 적합한 음악을 선정해야 하므로, 무엇보다 음악적인 감각이 있어야 한다. 또한 대부분의 소비자가 10~20대의 젊은 세대들이기 때문에 하루가 다르게 변화하는 그들 세대의 욕구를 만족시키기 위해 끊임없이 노력해야 하고, 특히 어떤 음악이나 효과음을 토대로 벨소리로 만들면 그들에게 유행할 것인지 예측할 수 있어야 한다.

현재 국내 휴대폰 가입자는 4천만명을 넘어선 상태이며, 게다가 많은 사람들이 벨소리를 다운받고 있다. 또한 중국 등으로 진출하는 벨소리 제작업체도 늘어나고 있다. 그러므로 휴대폰 벨소리 제작자의 수요는 앞으로도 계속 증가할 것으로 보인다.

휴대폰 벨소리제작자가 되기 위해선 음악적 감각과 함께 컴퓨터 음악에 대한 지식이 있어야 한다. 따라서 실용음악 및 컴퓨터음악을 전공하면 취업하는데 유리하다.

DMB 아나운서

DMB 아나운서는 DMB의 특성에 맞는 프로그램을 개발하고, 또 그것을 토대로 방송을 진행하는 사람이다.

이들은 기존의 아나운서처럼 방송을 진행하는 것 외에도 프로그램의 기획이나 개발, 콘텐츠 제휴, 스텝회의 주재 등 다양한 역할을 담당한다. 물론 각 프로그램마다 기존 방송사처럼 PD와 작가가 있지만, DMB 아나운서에겐 그 역할이 다소 모호하다. 그래서 자신의 색깔에 맞도록 대본을 직접 작성하고, 시청자가 함께 호흡할 수 있도록 그때그때 어울리는 멘트를 구사하기도 한다.

이 일을 하기 위해서는 재치 있는 말솜씨와 함께 다양한 경험이 축적되어 있는 게 좋다. 방송 중에는 시청자의 반응을 예측할 수 없기 때문에, 늘 각계각층의 사람들을 만나고 그들과 대화할 마음의 준비를 갖고 있어야 한다.

DMB는 이제 막 시작하는 사업이다. 그러므로 늘 새로운 것을 추구하고 시청자의 기대에 부흥해 나간다면 앞으로 크게 성장할 것으로 전망된다.

14장

-각 대학과 대학교의 '정보통신공학과' 참조

-모바일학과

경기 경민대학 모바일정보과

경기 국제대학 모바일홈네트워크전공

경기 부천대학 모바일통신

경기 안양과학대학 모바일인터넷전공

경기 여주대학 모바일통신과

경기 오산대학 모바일전공

경기 청강문화산업대학 이동통신과

부산 경남정보대학 모바일통신전공

부산 동의과학대학 모바일인터넷전공

대전 우송정보대학 모바일정보통신전공

대구 대구공업대학 모바일전자정보과

모 바 일

대구 대구과학대학 모바일네트워크전공

대구 영남이공대학 모바일과

울산 울산과학대학 모바일정보기술전공

충남 백석문화대학 모바일전공

전북 서해대학 모바일컴퓨터과

경북 경북과학대학 모바일컨텐츠

경북 구미1대학 차세대이동통신

경남 창신대학 모바일통신과

부산 신라대학교 모바일소프트웨어공학전공

충남 호서대학교 모바일시스템공학전공

경북 경운대학교 모바일정보통신전공, 모바일컨텐츠

경북 동양대학교 모바일통신전공

14장

직업과 자격증 관련 커뮤니티(http://www.winfo.co.kr)

커리어넷(http://www.careernet.re.kr)

인크루트(http://www.incruit.com)

대학내일(www.naeilshot.co.kr)

워크넷(http://www.work.go.kr)

수퍼보드(http://www.superboard.com)

매일경제인력팀, 《취업을 위한 자격증 42가지》 매일경제신문사, 1998

한국산업인력공단 중앙고용정보원, 《유망직업 33선》, 2002

김종길, 《밀레니엄전문직업》, 글담, 1999

21세기재테크연구소편, 《이색직업 100가지》, 큰방, 2001

이영대 · 김선태 · 이남철, 《직업세계와 나의 직업찾기》, 교학사, 2007

교육인적자원부, 한국직업능력개발원, 《미래의 직업세계 2003》, 2002

교육인적자원부, 한국직업능력개발원, 《2007 미래의 직업세계》, 2006

김세준, 《매직잡》 100k, 2007

권재철, 《2007 신생 및 이색 직업》, 한국고용정보원, 2006

모 바 일

15

문화콘텐츠

아날로그 시대의 문화콘텐츠는 출판과 만화, 방송, 영화, 애니메이션, 게임, 캐릭터, 공연, 음반, 전시, 행사, 디지털콘텐츠, 모바일 등이 각각 따로따로 움직였다. 하지만 21세기 디지털 시대가 도래하면서 그것들은 서로 통합되기 시작하고, 마침내 거대한 산업화가 되어 갔다. 이제 문화콘텐츠는 <반지의 제왕>이나 <해리포터> 등처럼, 하나의 제대로 된 소스만 있으면 다양하게 활용해서 엄청난 부가가치를 얻을 수 있게 되었다.

그에 따라 문화콘텐츠에 대한 사회적 관심이 급속히 부각되고, 각 대학에서도 문화콘텐츠 관련 학과를 속속 개설하고 있다. 이러한 현상은 특히 2004년~2005년에 두드러졌다. 하지만 문화콘텐츠학은 아직까지 제대로 뿌리를 내리지 못한 탓에, 많은 사람들이 그것을 배워서 장차 무엇을 할 수 있을 것인지 궁금해 하고 있다. 그러므로 마지막으로 디지털 시대에 새롭게 출현한, 이른바 문화콘텐츠와 관련된 직업세계를 간략히 살펴보기로 하자.

문화콘텐츠 디렉터는 새로운 콘텐츠를 기획할 뿐만 아니라 그것의 개발과 제작, 판매 등까지 관여하는 사람이다.

문화콘텐츠 디렉터는 프로젝트를 총괄한다는 점에서 일반적인 기획자와 유사하다. 하지만 디렉터에게 있어서 가장 중요한 것은 OSMU(One Source Multi-Use)의 실행이며, 그것이 효과적으로 실현될 수 있도록 관리하는 역할을 담당한다.

문화콘텐츠 디렉터가 되기 위해서는 각 분야별 문화콘텐츠에 대한 폭넓은 이해가 있어야 바탕이 되어야 하고, 나아가 프로젝트를 차질 없이 추진해갈 수 있는 인간관계와 리더십, 마케팅 능력 등까지 갖추고 있어야 한다.

문화콘텐츠 스토리텔러

문화콘텐츠 스토리텔러는 일차적으로 자료를 수집하고 정리해서 콘텐츠의 개발 가능성을 진단하는 것에서부터, 캐릭터 설정과 스토리짜기 등 본격적인 스토리텔링을 해나가며, 마지막에는 그 콘텐츠를 기반으로 다양한 연계상품을 개발하는 멀티유즈화 방안까지 제시해주는 사람이다.

기존 소설이나 시나리오 작가와 달리, 이들은 각종 매체의 특성을 고려한 이야기 구상, 곧 스토리텔링을 해야 하고, 특히 널리 활용할 수 있는 멀티유즈형 원소스를 개발해야 한다. 그러므로 위의 디렉터와 마찬가지로 이들도 역시 문화콘텐츠에 대한 전반적인 이해가 전제되어 있어야 한다.

요즘 스토리텔링의 쓰임새가 날이 갈수록 커지고 있다. 각종 문화콘텐츠의 스토리텔링만이 아니라, 광고와 기업 이미지 스토리텔링, 상품 스토리텔링 등까지 확대되고 있는 것이다. 그래서인지 많은 사람들이 스토리텔링의 원리와 방법을 배우고자 애쓰고 있다.

각색가

각색자는 고전을 현대인의 구미에 맞게 고치는 사람으로, 주로 전통시대 소설이나 설화, 사건, 인물담 등을 현대적인 출판, 만화, 방송(드라마), 영화, 공연, 게임, 축제 등의 콘텐츠로 수용하는 경우가 많다.

21세기 디지털 시대의 도래로 원소스 멀티유즈가 가능해지는 한편 상대적으로 콘텐츠의 부족현상이 일어나면서, 날이 갈수록 고전의 현대적

수용인 각색의 중요성이 부각되고 있다. 그러므로 각종 문화콘텐츠에 대한 이해가 바탕이 되고 스토리텔링 능력을 갖추고 있다면, 전문적인 각색자의 길을 걸어가도 좋을 듯하다.

전환자

대개 전환이란 원작을 각각의 매체에 맞게 변형하는 일종의 '개작' 과 같은 것으로, 특히 장르의 변화를 전제로 하고 있다. 전환은 주로 인기 있는 소설이나 만화, 동화 등 문자매체를 영화, 애니메이션, 드라마, 게임 등 영상매체로 재구성하는 경우가 많다. 물론 최근 들어선 그 반대 현상도 자주 일어나고 있다.

전환은 21세기 디지털 시대에 나타난 또하나의 새로운 문화적 현상이다. 즉, 디지털 시대의 도래로 매체가 늘어나고 장르간 경계가 사라지면서, 하나의 제대로 된 소스만 있으면 다양한 매체로 활용해서 고부가가치를 올릴 수 있다는 판단에 따라 성행하고 있는 것이다. 예컨대 <해리포터>가 인기를 끌자, 그것을 가지고 영화나 게임, 여행, 캐릭터 상품 등으로 계속 파생시켜 엄청난 수익을 올린 것을 들 수 있다. 그러므로 위의 각색자처럼 각종 문화콘텐츠에 대해 익숙하고 스토리텔링 능력을 갖추고 있다면, 전문적인 전환자의 길을 선택해도 좋을 듯하다.

CT 전문가

CT(Culture Technology: 문화기술)란 방송이나 영화, 공연 등에서 사용되는 각종 기술들, 예컨대 특수 효과나 영상, 음향, 가상세계 등을 전문적으로 개발하는 것을 말한다. 더 나아가 이러한 공학적인 기술뿐만 아니라 스토리텔링, 디자인, 예술, 교육, 마케팅 등의 기술까지 광범위하게 포함하고 있다.

CT는 문화와 기술이 접목된 것으로, 향후 문화콘텐츠 산업의 핵심 요소로 자리잡을 전망이다.

문화콘텐츠 마케터

문화콘텐츠 마케터란 각종 문화콘텐츠의 시장조사, 홍보와 판매촉진, 사후관리, 연계사업 등을 전문적으로 담당하는 사람이다.

이 일은 경영학에 기반한 문화콘텐츠 출신자에게 유리하며, 특히 해외 부문을 담당할 에이전트(중개인)나 마케팅 전문가에 대한 수요가 날이 갈수록 증가하고 있다.

멀티유즈 전문가

문화콘텐츠의 가장 큰 특징은 위에서도 말했듯이 원소스 멀티유즈, 곧 하나의 뛰어난 콘텐츠가 나오면 곧바로 다양한 장르에 접목시켜 고부가 가치를 얻는다는 것이다. 요즘은 이렇게 원소스가 흥행에 성공했다고 만족하지 않고, 관련 상품들을 계속 개발하여 지속적인 관심과 이익을 창출하고자 하고 있다.

물론 우리나라에선 아직까지도 멀티유즈라는 개념 자체가 생경할 정도로 불모지에 속한다. 하지만 머잖아 우리나라도 문화강국인 미국이나 일본처럼 다양한 멀티유즈를 시도할 것이고, 그에 따라 멀티유즈 전문가에 대한 수요가 증가할 것으로 전망된다.

저작권 전문 변호사

FTA 시대에 가장 크게 대두될 것으로 예상되는 문제가 바로 저작권 분쟁이다. 단적으로 말해서 미국은 저작권 보호체계가 잘 마련되어 있고, 저작권 전문 변호사도 대단히 많다. 하지만 우리나라는 저작권 침해의 감시 대상국으로 지정되어 있을 정도로, 그 어느 나라보다 저작권 침해에 쉽게 노출되어 있다.

앞으로 FTA 시대가 되면 저작권 분쟁은 심각한 사회문제가 될 전망이다. 그러므로 우리나라에서도 하루빨리 미국이나 유럽 등의 변호사를 상대로 한 소송에서 이길 수 있는 국제적인 저작권 전문 변호사가 많이 나와야 할 것이다.

문화콘텐츠 정책 전문가

문화콘텐츠 정책 전문가란 국가적 차원에서 문화콘텐츠 산업을 지원하는 전문가로서, 문화체육관광부 산하의 한국문화콘텐츠진흥원, 한국문화관광정책연구원, 한국영화진흥위원회, 기타 각 지역의 문화산업지원센터 등에서 근무하며 각종 문화콘텐츠 산업에 관한 정책을 수립하고 집행하는 역할을 담당한다.

문화콘텐츠 교육자

현재 문화콘텐츠 교육은 일부 애니메이션이나 게임 등의 고등학교를 제외하곤, 거의 대부분 대학과 대학원을 중심으로 이루어지고 있다. 하지만 문화콘텐츠 산업이 발달하고 그 역량이 더욱 커지면, 초·중·고의 정규수업이나 방과 후 학교, 기타 청소년 문화교실 등에서도 이루어질 전망이다. 그러므로 문화콘텐츠에 대한 폭넓은 안목을 갖추고 교육학에 관심이 많은 사람이라면 이 분야에 도전해도 좋을 듯하다.

문화콘텐츠 비평가

문화콘텐츠 비평가는 매일 같이 쏟아져 나오는 각종 문화콘텐츠에 대해 심도 있게 분석하고 비평하는 사람이다.

기존 문학(화) 비평가와 달리 문화콘텐츠 비평가는 콘텐츠의 내용적인 측면만이 아니라 외형적인 문제, 곧 배우들의 연기력, 영상미, 관객반응, 흥행기록, 연계상품, 수익률 등까지 분석해야 한다. 또한 문화콘텐츠 비평가는 항상 원소스 멀티유즈적 관점에서 콘텐츠를 분석해야 한다.

문화콘텐츠 연구자

문화콘텐츠 연구자는 각종 문화콘텐츠와 관련된 제반 사항들을 연구하는 사람이다.

이들은 문화콘텐츠를 하나의 독립된 학문분야로 정립시키는 한편, 그것들을 후학들에게 체계적으로 가르치는 역할을 담당하고 있다. 문화콘텐츠는 아직까지 시작 단계에 불과하므로, 이들의 역할이 무엇보다 절실한 실정이다.

15장

서울 건국대학교 문과대학 문화콘텐츠 연계전공

서울 고려대학교 대학원 응용언어문화학협동과정 문화콘텐츠전공

서울 동국대학교 문화공학전공, 문화정보경영전공, 문화학전공

서울 동국대학교 영상대학원 문화콘텐츠학과

서울 성신여자대학교 문화콘텐츠전공

서울 열린사이버대학교 실용문화콘텐츠학과

서울 상명대학교 역사콘텐츠전공

서울 한국외국어대학교 문화콘텐츠 연계전공

서울 한국외국어대학교 대학원 문화콘텐츠학과

경기 가톨릭대학교 디지털문화컨텐츠

경기 아주대학교 문화산업과 커뮤니케이선전공, 문화학전공

경기 한양대학교 문화콘텐츠학과

경기 한신대학교 디지털문화콘텐츠전공

인천 인하대학교 문화콘텐츠학과

부산 동의대학교 디지털문화콘텐츠공학과

강원 상지대학교 문화컨텐츠학과

충북 서원대학교 문화컨텐츠전공

충남 고려대학교 인문대학 문화콘텐츠 연계전공

충남 건양대학교 공연미디어학부

충남 호서대학교 문화기획학과, 문화콘텐츠창작전공

충남 순천향대학교 미디어콘텐츠전공

전남 동신대학교 문화기획학과, 디지털컨텐츠학과

전남 목포대학교 디지털문화컨텐츠공학전공, 도서 · 해양 문화콘텐츠 연계전공

전북 전주대학교 문화컨텐츠학과

전북 원광대학교 한국문화학과

경북 경일대학교 교육문화컨텐츠

경북 위덕대학교 문화콘텐츠학부

경남 경남대학교 디지털콘텐츠전공

강원 한라대학교 미디어콘텐츠

강원 상지대학교 문화콘텐츠학과

한국문화콘텐츠진흥원

한겨레 교육문화센터

MBC방송아카데미

SBS방송아카데미

15장

커리어넷(http://www.careernet.re.kr)

김봉석, 《공상이상 직업의 세계》, 한겨레출판, 2006

정창권, 《문화콘텐츠학 강의》(깊이 이해하기), 커뮤니케이션북스, 2007

정창권, 《문화콘텐츠학 강의》(쉽게 개발하기), 커뮤니케이션북스, 2007

심상민, 《컬처비지니스》, 위즈덤하우스, 2007

문병호, 《문화산업시대의 문화예술교육》, 자연사랑, 2007

박장순, 《문화콘텐츠학 개론》, 커뮤니케이션북스, 2006